五南圖書出版公司 印行

圖解

助人歷程與技巧

閱讀文字

理解內容

觀看圖表

圖解讓
助人歷程
與技巧
更簡單

序言

序言

練好助人技巧的基本功

「助人歷程與技巧」是諮商與輔導的入門課，只要能夠了解這些，加上理論的架構，對於助人工作就能有一個大概的了解。因為是助人技巧，因此只要多練習，也在生活中多加運用，就可以成為諮商師或一般教育學者的有效助人方式。技巧背後還需要有目的與善意，才能夠讓技巧符合當事人的情況，促成最有效的結果。

這些助人技巧都是初步的基本功，倘若練習得宜，隨著臨床經驗的增加，諮商師也會慢慢發展出自己的創意，有新的或修正後的技巧產生。助人歷程通常是以個別當事人為對象的協助歷程，因此本書僅限於擔任個別諮商時的助人歷程，並未敘及團體諮商歷程。

寫書有個好處，就是可以重新檢視自己所知道的，並有機會將自己想說的心得表達出來，特別是與實際經驗有關的想法。希望這本書可以讓讀者更清楚助人歷程與基本技巧，也期待讀者可以將這些技巧先用在自己身上，若是有效，再運用在他人身上。本書中會將「助人歷程」與「諮商歷程」交互使用。

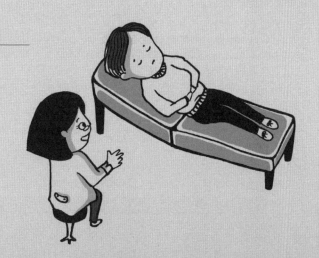

第7章 選擇與開啟介入方式 —— 各重要學派介紹

第8章 總結

第9章 結束及追蹤

第10章 總結

參考書目　

第1章
諮商歷程

學習目標：

　本章介紹諮商助人歷程的不同階段與任務，同時提醒諮商師在當事人前來諮商前的一些注意事項（包括諮商師可能有的焦慮，以及如何留住非自願當事人）。

1-1 何謂諮商與諮商歷程

何謂諮商

諮商是接受過系統專業助人訓練、在考取國家認可的執業執照之後，進行助人專業的工作者。諮商所處理的是一般人都會遭遇到的問題，其對象不是以罹患心理疾病、需長期治療者為主（與諮商相關助人專業服務對象與功能，請見右圖）。

諮商歷程的區分

諮商（或助人）歷程大致可以分為初期、中期、晚期與結束等階段，每一個階段都有其特殊任務要達成。在諮商初期，通常是以建立關係與蒐集資訊為主，然而在面對緊急事件時，可能需要以有效處理該緊急事件為優先。

許多新手諮商師常常按表操課，較缺乏危機意識，甚至會忽略一些危急的線索。雖然新手諮商師在實習過程中，有督導協助，或許可以緊急做處理，然而在諮商現場，還是需要靠自己敏銳的觀察與直覺做反應，因此要特別注意一些可能的警訊。有關危機處理部分，會在本書第 5 章做詳述。

有學者將助人歷程分為「探索」、「洞察」與「行動」三階段，這是站在諮商師的立場（Hill, 2009/2013），那麼站在當事人的立場又是如何？也許是從陌生進入熟悉，從焦慮進入安全，從隱晦進入明晰，從被動進入主動，從保守進入開放，然而，並不是每一位當事人都會經歷這些過程。

我們通常會站在助人者的立場來看諮商過程。但諮商過程不是線性發展的，有些可能會經歷所有階段，有些可能停滯在某一點，有些可能反反覆覆或是一直重複。此外，還要注意當事人本身與周遭環境因素，這也會影響諮商的進度。

本書會以 Hackney 與 Cormier（2009, p.42）所擬定的諮商過程結構來做規劃，配合 Hill 的階段論與內涵，然後在每一個諮商階段底下，就該階段最重要的議題做討論，其分為五個階段：一、建立工作關係；二、評估或定義問題；三、確定與設立目標；四、選擇與開啟介入方式；五、計畫處遇方式與進入結束及追蹤。

儘管諮商助人歷程有其進展或階段，但過程是持續性的，以階段來區分只是為了說明諮商的進度。此外，還要將治療的相關因素（當事人、諮商師、處理事件及脈絡）考量在內，像是有些當事人只是探問或諮詢，諮商師只做「初次晤談」，或是非自願當事人不願意繼續治療等，就不會經歷這些階段；加上諮商進展速度有快有慢，也得視當事人與諮商師的契合度（或「步調」，pacing）而定。

諮商過程有時會因為對象或挹注的財務管道不同，而被迫縮短或產生變數。像是有當事人只出現一次就消失無蹤，或是被法院轉介過來的當事人（如家暴加害者），不一定會出現在諮商室裡（如要到府服務或中途安置處），或是出現之後從頭到尾都不認為自己有錯或需要治療，因此都未進入諮商過程。諮商界有一派以短期治療為重點，主張若僅有一次治療也有其功效，因此在該次的關係建立與治療成效就很重要，本書會將「正式諮商前」先做討論，這也可視為諮商歷程的一部分。

教育、輔導、諮商與心理治療特色

項目 / 類別	教育	輔導	諮商	心理治療
服務對象	所有學生	一般人	一般人、需要自我了解，與生活遭遇困擾者。	心理疾患
特色	發展與預防。有外顯（行為表現）與內隱（價值觀、道德涵養、態度）的教育目的。	發展與預防。協助當事人了解自己、發展自我與適應學習生活。	發展、問題解決與治療（針對日常生活困擾）。	補救與修復。常需要藥物的輔助治療。對象是心理疾患居多、需長期治療者，如憂鬱症、精神分裂症。
關係	有位階或無位階之別、來源無數。	是合作與民主式的協助（非強迫性）。	特別重視諮商或治療關係的建立。	重視醫病關係。
目的	目的在讓個體發揮潛能，過自己想要的生活，也對社會做出有益的貢獻。	重視個別差異，配合個人條件與需求。目標兼顧個人與社會（利己也利人）。	以當事人為中心，以當事人的需求為首要目標。	讓當事人的生活功能獲得修復，有時涉及人格之重整或矯正。
其他參與人員	家庭、老師、社會人士與媒體，都參與其中。	主要是學校教職員、輔導老師、學生與家長，偶而也涉及社工與（諮商）心理師等。	諮商師、心理師或是其他專業人員（如社工、醫療人員）。	身心科醫師、心理師或其他醫療人員。

 Hackney & Cormier（2009）諮商過程

Step 1 建立工作關係　建立信任的治療關係。

Step 2 評估或定義問題　了解當事人關切的議題與意義為何。

Step 3 確定與設立目標　了解當事人想要的諮商目標為何。

 Step 4 選擇與開啟介入方式　協助當事人解決問題或減輕徵狀。

 Step 5 計畫處遇方式與進入結束及追蹤　治療結束後評估治療效果。

 諮商過程（Gerber, 2003, cited in Staton et al., 2007, pp.153-156）

諮商階段	重點
宣洩（Ventilation）	讓當事人將情緒宣洩出來，通常在當事人願意表現自己的情緒時，治療才算開始。
釐清（Clarification）	清楚諮商目標以及曾經使用的處理方式。
改變（Alteration）	當事人確定自己想要改變，或是想改變生活的處境（頓悟）。
調適（Accommodation）	當事人做了改變、有成功經驗，開始有新的思考與作為，要讓改變持續下去。

1-2 諮商前的契機

有治療師將潛在當事人進入諮商前的一些動作也放裡面，因為這些動作也表示了當事人求助的現況。

其實，在當事人進入諮商協助服務前，像是決定打電話求助時，可能已經對於遭遇的問題做了「解決」的決定，因此也可以納入求助歷程裡，這就如同焦點解決治療師 Steve de Shazer 所稱的「第一次諮商工作公式」（The formula first session task），雖然原意是要當事人做觀察的工作（Murphy, 1997），但是在當事人求助的當下，相信他／她已經開始改善的工作，甚至早早在求助動作之前，已經試圖為解決問題而採取許多行動，只是效果不如預期而已。

當事人要求助不容易，因此將其在真正進入諮商前的行動或思考納入，也不為過。許多當事人都是在事情已經到谷底，最後迫不得已的情況下，才勉強自己求助於諮商師。而在學校單位，有學生願意鼓起勇氣踏進輔導室，一定早就經過深思熟慮，掙扎許久，然後才會出現在輔導室前。不過，諮商師不是坐在諮商室裡等待當事人出現，在發現有潛在當事人在門口徘徊時，不妨親切地詢問並迎他／她入門，這樣也可以推踟躕的當事人一把，讓他／她願意跨進來，而當事人也會因為諮商師的主動積極，感受到自己的重要性，較願意分享自己關切的問題。

焦點解決學派（Solution-focused Brief Therapy）甚至將當事人分為訪客（visitor）、抱怨者（complainant）與顧客（當事人，customer）三種（Lipchik, 2002, p.114）。

「訪客」可能是非自願當事人，認為自己是被逼迫而來，不是因問題本身前來。諮商師不妨讓他／她有機會認識一下諮商，並給予適當的觀念釐清與讚美，讓訪客對諮商相關事物沒有排斥感，下一回也許他／她會願意來求助。

「抱怨者」自認為與問題無關，而是別人有問題，或是自己無能力解決問題，所以來治療師這裡尋求諮詢或說明。治療師的態度與聆聽，可能會讓抱怨者了解到在自己的立場與觀點之外，還有不同的思考及觀察角度，因此有所頓悟，也願意做一些改善動作。

「顧客」是願意來求助，希望讓自己的生活功能更好的人，其改變動機最大。即便是非自願當事人（通常是被轉介過來的當事人），諮商師也可以讓他／她在與治療師接觸的短短時間裡，感受到自己是被重視、被認可的，而將此次面晤當成不可多得的美好經驗。

倘若當事人在進入求助過程前，對於諮商專業或其過程有較清楚的認識，那麼在需要諮商時，也會較有意願前來使用諮商服務，這也是專業助人這一行需要突破的地方。

諮商常被「汙名化」，也就是被冠上負面或不好的標籤，像是「來諮商的人都是有問題的」、「生病的人才會去諮商」、「諮商師會探人隱私」或是「我去求助，別人會怎麼看我」等等，就如同許多現代人有情緒方面的困擾，甚至已經有自傷動作了，卻礙於他人對自己的看法而不願意去見身心科（或精神科）醫師，最後造成不可收拾的結果。

心輔系學生對諮商的迷思（邱珍琬，2013）

迷思類別	說明	舉例
對尋求諮商（求助者）的迷思	包括對象與治療時間。認為諮商是有問題或有病的人，甚至是情況很嚴重的人才會去求助，或是對於諮商效果過於樂觀。	★ 心理有問題的人才會去諮商。 ★ 踏進輔導室或諮商室的，大多是問題學生或兒童。 ★ 只要去諮商，問題就一定可以被解決。
對諮商師本身的迷思	包括諮商師的特質、訓練、能力、生涯目標與諮商關係。認為諮商師應該是善良、平易近人、有耐心，或是有讀心術、不需要有特殊訓練，也有認為諮商師是要賺錢，或誤解治療關係的。	★ 諮商師都有平易近人的氣質。 ★ 諮商師不需要有什麼能力，只要具備善良的心。 ★ 諮商師是不用培養專業能力的。 ★ 心裡所有的困擾，都會被諮商師察覺，且都會被解決。 ★ 諮商師沒有意願去幫你，只是為了你的錢來幫你，當你是一個客戶。 ★ 可以和諮商師當朋友，之後看診時可以便宜些。
對諮商過程的迷思	包括諮商只是灌輸想法、聊天或提問、挖人瘡疤、情緒宣洩，以及對諮商架構的迷思。	★ 諮商只是與與諮商師聊天、談心，只是請一個人聽自己抒發而已。 ★ 認為諮商師只要問一些問題，就可以知道我所有的問題。 ★ 諮商師是一個恐怖的人，會把你的傷痛拉出來。 ★ 沒有時間限制，講到我想停了為止。
自身對諮商求助的迷思	包括洩密、被諮商師或社會貼標籤、對諮商效果有錯誤期待、占用資源與諮商本身。	★ 害怕諮商師無法對自己說的事件保密。 ★ 害怕諮商師會將自己認為是生病的人，或者是不正常的人。 ★ 諮商師只是傾聽者，無法有效解決內心的問題。 ★ 害怕自己的問題並非大問題，會給人帶來不便或浪費時間。

＋ 知識補充站

★ 汙名化：個人或生理上的特徵是不被社會所接受的，導致成為一種標記或缺陷。

★ 自我汙名：個人認為自己去尋求心理專業的協助，有損自尊或自我價值；或尋求協助是自己不能接受的。

★ 社會汙名：一般民眾或社會對於心理疾病的偏見，而此偏見是社會大眾所不能接受的。

1-3 **諮商前的契機（續）**

在學校單位，許多是非自願當事人（即不認為自己與問題有關），學生常常會明顯表現出莫名其妙或是抱怨者的角色，通常也不願意與諮商師有進一步的接觸，或想要及早退出。諮商師可以與其商議：「要怎麼做才不需要再出現在此處？」或是「要如何協助不要來（諮商）？」因此諮商師可以採取的方式為：

一、向當事人說明彼此的難處，例如，知道當事人不想待在這裡，而諮商師或輔導老師又需要給轉介過來的老師交代。

二、取得當事人同意，看能否談五分鐘就好，讓諮商師可以寫紀錄、給交代。通常當事人就會停留久一些。

三、在當事人離開諮商室之前，告訴當事人，今天從他／她身上學習到或看到的優勢，例如，「你／妳是一位負責任的人，即使不願意來這裡，但還是出現了。」或是「今天進門之前，你／妳喊了『報告』，很有禮貌。」為下一次的會面打下基礎。不管是不是轉介過來的，有過一次這麼好的經驗，下一回請他／她再來就不難。此外，這些當事人也會將自己的好經驗告訴其他學生，讓其他沒有經歷過諮商的學生願意來諮商（輔導）室求助。

有些潛在當事人或許是以網路方式尋求諮詢，通常諮商師都會與當事人聯繫幾次之後，說服其現身在諮商室裡，因為面對面的晤談，比較不容易漏失一些重要線索，也可讓晤談過程更具人性化與溫暖。

有時候，只是請當事人進來享用點心或飲料，與其閒話家常，也可以讓潛在當事人減少戒心，或許就會願意待久一點，也可能下回願意主動出現在諮商室裡。諮商師也不要堅持待在諮商室或辦公室裡，可以走出去認識及接觸自己所服務的族群，同時增加自己的曝光率，讓潛在當事人更認識諮商或諮商師。在學校或教育機構，需要與不同處室的人員合作，因此主動、積極地接觸這些處室人員，也可以為將來的合作打下基礎。

有時，當事人的問題並不嚴重，不需要花太多時間處理，倒不如直接走入服務的族群裡（如學生或教職員），偶而在走道上跟他們說說話，了解其最近的情況就可以了，不需要約定時間到諮商室處理。

通常在學校單位中，要走進諮商室，的確需要許多勇氣，加上當事人怕被汙名化，更不敢理直氣壯地進入，因此學校的諮商師或輔導教師不妨走出去，實際與學生接觸、與學生或教職員建立關係，那麼未來他們要走進諮商室就不是難事，Hazler（2008）甚至建議學校諮商師到「走道」拓展自己的影響力。

小博士解說

許多人誤以為諮商只能在諮商室中進行，但是諮商師並不以諮商室為據點，而是可以走出諮商室，甚至進入社區，做更廣泛的服務〔即所謂的「延展服務」（reach-out）〕，同時與其他專業人員一起合作，為提升當事人的福祉而努力。

諮商模式（Welch & Gonzalez, 1999）

 探索 ── 建立治療關係、釐清諮商目標（問題或徵狀）。

 了解 ── 了解當事人受困擾的面向、當事人對問題的看法，與先前的解決之道。

解決 ── 處置、改變。

 影響諮商過程的因素

當事人求助動機（是否自動求助或緊急性）。

當事人對於**問題歸屬責任**的看法，若認為問題出在自己身上，較容易求助。

諮商師的經驗（是否遭遇過類似案件，或有處理經驗）。

諮商師的準備度（對於專業助人的基礎功夫與動機）。

當事人對諮商與過程的了解。

諮商師服務機構的規定或政策。有些機構會規定諮商次數，有些機構的個案評估過程較長，有些是接政府方案，經費用完就不再繼續治療等。

當事人的問題是否有緩解或情況有進展。

影響諮商過程的因素

1-4 諮商師的焦慮

在正式與當事人面談之前,有些諮商師可能會先閱讀「初次晤談」(intake)的紀錄〔倘若初次晤談已經由其他諮商師或個案管理師(case manager)完成〕,然後會寫下一些可能要做的動作或晤談重點,這些都可以讓自己做好面對當事人的充分準備。

然而,這些準備都無法完美,因為治療現場會有許多變數,需要靠諮商師的專業與臨場反應,因此,諮商師會焦慮是正常的。許多新手諮商師很容易出現焦慮,甚至認為焦慮是不應該的,其實,即便是老手治療師在面對每一位新當事人,甚至是每一回面對舊當事人,或多或少都會緊張與焦慮,擔心自己未能協助當事人或是不知該如何協助。諮商師不必期許自己表現得完美,焦慮的程度自然會降低,同時將焦慮視為正常或自然現象,應該可以先為自己打一劑強心針。

諮商師在面對當事人時,很容易脫口說出:「你/妳有什麼問題?」我不建議用這樣的開場白,因為給人的感受較為負面,若當事人不認為自己是問題的所在(如被轉介過來的),這樣的問法可能會造成對方的反感。況且,來做諮商者,不一定是「有問題的」,而是來尋求諮詢、第二意見,或是做自我整理的。因此,我建議使用:「今天你/妳關切的議題是什麼?」或是:「有什麼我可以幫忙的?」

新手諮商師較耐不住沉默,總是覺得應該說些什麼,好讓彼此不尷尬,或是掩飾自己的焦慮,反而是當事人較能夠安於沉默。Hackney 與 Cormier(2009)提到,在諮商中的沉默可能具有一些功效,而許多治療師也提醒諮商師要善加利用沉默的積極與建設性功能。倘若是在團體諮商的場域裡,有沉默情況出現時,領導者可以協助成員探索沉默的意義,也可以讓成員了解沉默並不可怕。成員在了解沉默可能有的積極意義後,也比較不會焦慮。

新手諮商師常常會期許自己承擔許多責任,包括治療的有效性、過程順利與否,但治療師必須要清楚自己的工作是「協助」當事人,而不是「替」當事人解決問題,因此,在諮商過程中需要讓責任慢慢從治療師身上轉移到當事人,這樣當事人才會為自己的改變與行為負起責任。

諮商師所面對的每一位當事人,也難免會有一些焦慮與擔心,因此,有時為了要舒緩當事人的緊張,我會說:「我也會緊張,等你/妳準備好了,我們就開始。」若是當事人的緊張很明顯,也可以指導他/她做一些簡單的深呼吸動作,但是不宜做一些較進階的放鬆動作(例如幻遊或冥想),因為關係尚未建立好,當事人不一定會合作,也會有許多疑問。最好的準備就是:不要讓自己想太多,真誠地面對當事人,好好傾聽他/她的故事就好。

小博士解說

諮商的「初次晤談」是指諮商師蒐集資料以做初步診斷的過程,通常也是當事人與諮商師的第一次晤談。有些心理衛生機構是由「個案管理師」(管理與分派適當治療師接案)或實習諮商師擔任,而不是由負責該當事人的諮商師來做。

新手諮商師的焦慮表現

擔心無法
協助當事人

擔心自己
表現不佳

問太多問題

專注在當事人
所說的內容，
少去觀察當事
人的身體或其
他訊息

不能忍受
沉默

擔心自己
無法適當回應
當事人

擔心當事人
不喜歡自己

不能專心聽當
事人說話（心
裡在思考等一
下該說什麼）

 沉默的意義（整理Hackney&Cormier, 2009, p.26與作者的發現。）

讓當事人和諮商師思考
與統整新的領悟或覺察。

讓當事人承擔起自己
在諮商關係中的責任。

是一種繼續談論
或探索的邀請。

**沉默的
意義**

鼓勵當事人聚焦
在自我探索上。

讓諮商師和當事人
都有機會喘息一下。

讓當事人和諮商師整
理一下自己的情緒。

諮商進程中已經少了焦慮，諮商師
和當事人都可以越來越忍受沉默。

1-5 **留住當事人的注意事項**

當事人進入諮商室時，也會有一些疑惑或焦慮，像是懷疑諮商的效果、對諮商師存有疑慮，甚至會擔心自己的問題沒有方法可解決，這些都可以在諮商師的寒暄內容提到，像是詢問當事人的期待，或是主動緩和其緊張情緒，至少讓當事人安心，接下來的工作才容易進行。

到底諮商師該不該留住當事人？倘若當事人是經由轉介的管道而來，尤其是學校或法院機構，諮商師似乎「責無旁貸」，「應該」留住當事人。然而，最重要的還是以當事人的嚴重性或危險性來評估。倘若當事人需要立即住院治療，諮商師就可以與身心科醫師及當事人家人聯繫，盡快讓其住院治療，同時有精神科醫師開藥治療，穩定其情況，再加上與諮商師晤談的協助，雙管齊下，才能讓當事人的危機可以暫時解除。

在一般情況下，諮商師不應該因自己或機構的財務或收入問題，來留住當事人，而是要看當事人的意願。諮商基本上是當事人主動求助的服務，然而許多機構或許會因為當事人的需要而轉介過來，諮商師也要努力以赴。

諮商師在面對許多非自願當事人時，通常會有許多難處，像是要向轉介人（如導師、觀護人）交代當事人的進展，但第一關通常是怎麼留住當事人，因為一次晤談大概耗時四、五十分鐘，總不能讓當事人出現一下就馬上離開。

那麼諮商師該怎麼做？非自願當事人常會認為自己是無辜的、與問題無關，或是抱怨真正的肇事者是誰。而轉介的老師也常常「認定」當事人就是始作俑者、問題中心，希望諮商師或輔導老師「處理」一下，讓其恢復正常或不再搗亂。問題是：如果問題已經持續多年（如學習動機低落、家長無充分合作），怎麼可能寄望諮商師藉由一次晤談就讓問題消失？這當然涉及老師對於諮商的迷思或錯誤觀念，但是諮商師只要一接案，不免會被寄予這樣的期許，自然要與轉介的老師有充分溝通，使其了解諮商可以做到什麼。

一、讓當事人了解諮商過程

許多當事人怕被貼標籤，被說是「問題人物」、「有病」或「行為不良」，因此對於諮商就有先入為主的偏見，自然不願意合作。諮商師可以用簡單明瞭的方式解釋給當事人聽，讓當事人了解晤談過程、諮商師的角色與作法、當事人可以做些什麼，最好是讓當事人自由發問、諮商師做解答。一旦當事人清楚諮商過程與需要做的事之後，就會比較願意合作。

二、提供小點心或茶水，讓當事人減少緊張感

一般學生進入辦公室或成人進入諮商室，都不會認為自己進入了一個友善的環境（當然，這也提醒諮商師對諮商室的布置要溫暖、舒適），不願意久待是很正常的反應，因此提供一些茶水或飲料、小點心，可以藉由吃的動作，讓當事人稍稍鬆懈下來，這尤其適用於青少年或兒童族群。

小博士解說

對於年紀較小的當事人，還可提供遊戲或玩具，甚至與當事人一起玩遊戲（如下棋、丟球）。當事人在手上有事做的情況下，較容易卸下心防。

不同動機的當事人

訪客

不認為自己與問題
有關連。

抱怨者

認為問題都在他人身
上,自己是受害者。

顧客

承認自己對問題也
有責任,願意想辦法
解決。

 諮商與心理治療的不同（Hill, 2009/2013, p.5）

	諮商	心理治療
治療時間	較短	較長
服務對象	健康、有適應問題的當事人	有較嚴重疾病的當事人
提供服務者資歷	擁有碩士以上學位	博士層級以上
問題類型	發展性與生活轉變	較嚴重之心理困擾或人格違常

1-6 留住當事人的注意事項（續）

三、讓當事人說自己這方面的故事

有些當事人（如學生），常常會覺得自己被冤枉、誤會，才會被叫到諮商室與輔導老師見面。通常「判定」問題誰屬的老師，也不會給當事人說明事發經過的機會，更遑論他／她的行為與想法。因此，諮商師需要讓當事人有機會表達自己的說法與故事，至少讓他／她覺得公平一點，減少負面情緒。若有機會讓當事人說出自己這方面的故事，他／她也會因為有人願意聽而留下來。若是一般的當事人，即便他／她不願意說或是說過太多次，則可以詢及目前距離問題解決的進度如何、哪些有不錯的成效、他／她是如何辦到的，或許當事人就願意停留久一點。

四、以需要給轉介單位交代為由

有些當事人執意要離開，倒不如與當事人做妥協，請他／她待上幾分鐘，把轉介人（如老師）想要知道的做一個交代，或是有紀錄可寫，通常當事人是願意合作的。若是法院方面的強制治療，也可進一步與當事人商議如何「打發」這段時間，同時給法院方面的人交代，就是很好的方式。在諮商結束之前，有些當事人會擔心諮商師的紀錄是否不利於他／她，因此讓當事人看看紀錄，或是唸給當事人聽，詢問其意見都是可以的。

五、諮商師的態度很重要

適當的寒暄是很重要的，也能鼓勵當事人的勇氣。諮商師不需要強留當事人，而是以自然的態度對待。或許有些青少年會挑戰諮商師，甚至以沉默抗議來度過這段時間，諮商師應維持誠摯邀請的態度，有時候也不需要面對面與當事人耗在那裡，請當事人走出諮商室談談（或是陪他／她走回教室）是不錯的策略，一切依當事人的意見而定。

諮商師的態度關乎當事人是不是願意繼續留在諮商關係裡，以及未來有無機會再踏進諮商室。偶而，當事人不願意晤談，又不想回教室或離開，那麼播放輕鬆的音樂，提供一些東西讓當事人可以在諮商室做（如畫圖、玩牌卡），可讓當事人不覺得無聊。

若當事人真的決定無所事事，也不要緊張，可以在當事人要起身離開之前給予一些鼓勵與讚美，但其內容必須基於現實，來自治療師對他／她的觀察，像是：「你／妳進門時先敲門，是一位很懂禮貌的學生。」「謝謝你／妳，雖然不想來，還是出現在這裡，是一位尊敬別人的人。」或是「感謝你／妳願意來這裡，雖然無聊，卻還願意待一節課的時間。」至少讓當事人對諮商室的印象不差，感覺有人可以說說話也不錯，且增加其未來繼續前來的可能性。

小博士解說

具體的讚美不僅適用於諮商室中，也適用於教育現場與親職教育。不要用美麗的詞藻來讚美個體，而是要舉出具體事實佐證，個體自然願意接受自己有這樣的優點或長處。

讓當事人熟悉諮商的一般歷程

解釋諮商的流程。

 說明諮商師的背景與工作性質。

 說明當事人可以做的事,包括說自己這一方面的故事、可能碰到的議題、擔心的事情等。

 說明諮商的保密原則與例外。

 說明撰寫的紀錄內容可由當事人決定。

 說明可以看見紀錄內容的人為誰、理由為何,當事人希望呈現什麼內容。

 說明諮商次數與理由。

 讓當事人了解諮商過程(Corey, Schneider Corey, & Callanan, 2007)

Step 1 諮商的期待為何?

Step 2 諮商師的資格與可以提供的服務有哪些?

Step 3 當事人的期待為何?

Step 4 治療的危險與益處?

Step 5 收費情況的規定如何?

Step 6 諮商的次數與時間多長?

Step 7 保密的限制有哪些?

Step 8 諮商師的價值觀(如宗教)是否會影響當事人進入治療關係?

Step 9 倘若當事人是經由轉介或法院命令而來,當事人的權益又是如何?

1-7 助人歷程的內涵

倘若將諮商分為「諮商前」、「諮商前期」、「諮商中期」、「諮商後期」與「諮商結束與追蹤」，然後依每階段不同的重點工作或任務來說明，就可以更清楚諮商的助人歷程。

一、諮商前

在正式進入諮商工作之前，有一些問題需要考慮。像是潛在的當事人是誰？可能的主訴問題為何？機構或諮商中心該如何招徠這些可能的當事人來使用諮商服務？機構可以提供哪些服務？

機構所在地域位置之居民的組成（如性別、年齡、教育程度與職業等）與資源，會影響其求助的動機與成效。若是在資源豐富的都會區，交通便利，加上居民教育程度較高，或許使用諮商服務的機會也會增加，反之則減少。此外，鄉村與都會區居民所關切的事務不同（如都會居民較擔心失業、工作壓力、環境汙染等問題，鄉村居民可能擔心自然災害、子女教育品質、家庭財務等問題）。

走入諮商機構，要申請諮商晤談時，機構都會有制式的表格讓當事人填寫，裡面包含一些基本資料、關切議題等，也會讓當事人提供一些目前身心狀況的資訊。

二、初次晤談

許多心理衛生中心在正式接案之前，會先做「初次晤談」，其主要目的是蒐集當事人相關資料（包含關切的議題），以為暫時診斷之用。在美國，因為諮商包含在醫療保險內，因此可做為申請經費或保險之用。

「初次晤談」可由個案管理師或較資淺的諮商師來做，有些機構則是由正式接案的心理師來做。「初次晤談」有些已經表格化，因此只要依據表格上的問題發問填答即可，但是較謹慎的機構則會安排諮商師與潛在當事人晤談，讓當事人可以暢所欲言，也開始建立治療關係。事實上，資料蒐集是諮商全程都在做的，治療關係也是如此。

三、諮商初期（探索階段）

主要目的在於與當事人建立支持的治療關係，鼓勵當事人說故事，協助其探索情緒，並進一步了解當事人（Hill, 2009/2013, p.33）。在本書中會分「建立工作關係」、「評估或定義問題」，與「設立目標」三部分。

四、諮商中期（洞察階段）

主要目的是協助當事人了解自己的想法、感受與行為，與當事人一起察覺問題根源、處理治療關係，以及讓當事人對自己的議題負起責任，擁有掌控感。之所以稱為「洞察階段」，是當事人對於其所關切的議題會從不同的觀點來看，提升其對自我之了解（Hill, 2009/2013, p.33）。本書中會分「如何讓當事人說自己的故事，並獲得新認識」、「選擇與開啟介入方式——各重要學派介紹」兩部分。

五、諮商後期（行動階段）

「行動階段」之目的，在於協助當事人思考可以改變的方案，並採取適當的行動（Hill, 2009/2013, p.34）。在本書中會分成「統整情緒、認知與行為介入方式」、「結束及追蹤」兩部分。

助人內涵（Hill, 2009/2013, pp.5-7）

 助人專業者 經過長久訓練、練習、督導及通過證照考試。

助人定義 一個受過專業訓練者，協助另一個人探索其情感、獲得洞察，並在生活中做改變。

助人效能
★ 催化當事人的改變。
★ 提供當事人支持與情緒釋放。
★ 當事人獲得洞察，以新的角度了解自己。
★ 協助當事人探索存在議題，如我是誰、生命意義、死亡與失落等。
★ 協助當事人獲得有效生活技巧並發揮潛能，如有效溝通、衝突解決、自我肯定、改變不良習慣等。
★ 協助當事人做人生重要決定。
★ 協助個體與他人建立正向、健康關係，減少早期人際關係的負面影響。
★ 協助或教導個體發揮功能，過獨立、自主、滿意的生活。

 助人專業者可能的問題（Hill, 2009/2015, pp.8-9）

可能問題	說明
當事人對諮商師的依賴	當事人凡事都找諮商師協助，未發揮自我潛能或功能。
諮商師有時會鼓勵當事人依賴諮商師	諮商師是否太自戀，或只在乎自己的聲望或地位。
諮商師將自己的價值觀強加在當事人身上	違反當事人的自由意志。
諮商師的工作範圍或對象超出自己的能力	危害當事人的權益。

第 2 章
諮商師的準備

學習目標：

　諮商人的使命就是協助困厄之人，因此需要配備的功夫更多。考上執業證照的諮商師，除了滿足衛福部規定的醫事人員所需的繼續教育時數外，還有專業倫理等規範要遵守，然而，真正有效能的諮商師不會以此自限。本章會就諮商師的準備、發揮的效能與專業責任等做討論。

2-1 助人工作者的效能

目前，諮商師在臺灣屬於醫事人員，要經過系統訓練後參加證照考試，得到認證之後，才可以執行諮商業務，而在執照有效的六年期限內，需要接受認證的繼續教育至少一百八十個小時。

由於諮商所面對的是生活中遭遇困境者或弱勢族群，因此工作格外重要且須謹慎，除了有專業倫理的約束之外，還肩負著社會大眾的倚賴與信任，所以在訓練過程、督導與認證上都有嚴格標準與要求，因攸關民眾心理健康而不得不如此。

助人工作者的效能

助人專業經過嚴格的訓練、在督導下實習與認證，這些只是通過最低門檻，具備開始執業助人的資格。諮商師還需要經過許多考驗，慢慢成熟為有效能的治療師。這世上沒有完美的諮商師；只要能夠有效協助當事人，就是夠好的治療師。Hackney 與 Cormier（2009, pp.66-67）認為，有效能的諮商師是具有自我統整與覺察能力的，不僅看見當事人的特殊性，也能夠了解當事人的經驗。他們提出了有效能諮商師的特質是（Hackney & Cormier, 2009, p.13）：

一、自我覺察與了解：對自我需求、感受、優劣勢與因應方式、助人動機的了解。

二、心理健康：相信助人專業，也願意去認識及了解自己，並做適當的自我整理。

三、多元文化：對自己及他人的族群或種族等文化議題敏銳，且有所了解。

四、開放的心胸：願意接觸與接納不同。

五、客觀：處理自己的未竟事務，不將當事人的事務個人化。

六、有能力：包含專業、倫理與人際能力。

七、可信賴：可相信、負責任、可預測。

八、具人際吸引力：喜歡與人相處，有處理人際關際的技巧與能力。

諮商師若要提升自己的專業助人效能，也必須從以上這些面向著手。首先，要有自我覺察與照顧的能力，才不至於危害當事人的權益，也能讓自己在自我與專業上持續成長、增能。其次，要相信自己所做的是有意義、有價值的工作，也將所學先運用在自己身上。

第三點是積極進修多元文化知能，尊重當事人與其所從出的背景，也意識到社會、文化及宗教的影響力，時時檢視自己的價值觀對當事人的可能影響；有寬容與接納的雅量及修為，對於世界抱持著好奇心、願意去了解，也容忍生命中的一些失望與挫折，還可以從中看見光亮及希望。

自我的敏銳覺察也有助於諮商師的「客觀」能力與判斷，不因私人事務或情感而蒙蔽了專業；展現出自己是可信靠、有擔當、有能力的專業助人者；若有需要處理的議題，則先做適當處理；喜歡與人相處、協助他人過更好的生活，同時有與他人合作的能力。

有效能的諮商師應具有的特色
（Kinnier, 1991, cited in Capuzzi& Gross, 1995, pp.34-36）

自愛	要有自我悅納與愛自己，接受自己有能力去愛與尊重他人，以及自我實現的能力。
自我知識	了解自己，對於自己的感受、動機與需求保持覺察，會自我反省且願意去了解自己。
自信與自我控管	對自己有自信且可以獨立作業，有適當的能力與果決行為，可以合理管控自己的生活並達成目標。
清晰的現實感	我們對周遭事物的看法雖然很主觀，但是有足夠的社會共通性，有清楚的現實感、對生命樂觀。
勇氣與韌力	人生縱使無常，但是願意去面對挑戰與改變現狀，能從沮喪或挫敗中重新振作起來。
平衡與中庸	工作與玩樂、笑與淚、享受預先計畫或自發性的時光，可以很邏輯，也很直覺。
愛他人	深切關心他人福祉或人類處境，有歸屬感、給予與接受愛，與他人發展緊密的關係。
愛生命	幽默、自發性、開放、積極主動、好奇、愛冒險、享受悠閒，也期待偶發的情況。
生活有目標	生活有目標，願意去投資、創造意義與滿意度。

治療的有效因素（Frank & Frank, 1991, 引自 Hill, 2009/2015, p.11）

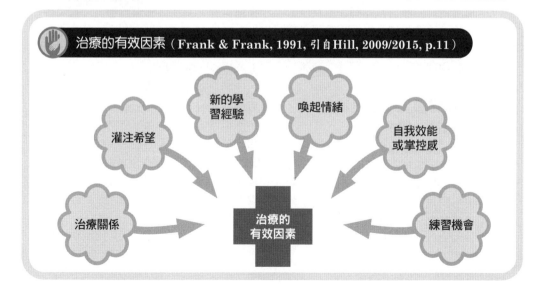

2-2 專業倫理

每一種行業都有其職業倫理來約束成員，同時也是給社會大眾信心與交代，像是建築師、醫護人員、教師等，諮商人員當然也不例外。諮商是「人影響人」的工作，也是專業助人者，希望發揮正向的影響與協助功能，因此遵守與提升專業倫理就很重要。

臺灣諮商師專業倫理（以臺灣輔導與諮商學會所訂立的為代表）的內容，與美國諮商學會（American Counseling Association, ACA）所規範的相似，除了「總則」說明諮商目的、專業人員的責任之外，主要分為：諮商關係（包括諮商師與當事人的責任與權利、諮商關係與保密）、諮商師責任（包含諮商師的能力與限制，以及社會責任）、諮詢（諮詢意義、能力、限制與收費）、測驗與評量（所需能力、注意事項與測驗解釋）、研究與出版（以「人」為研究對象，以及出版的注意事項與責任）、教學與督導（所應遵循的倫理、督導關係與責任）及網路諮商（運用網路提供諮商服務的相關規定，包括避免傷害、網路安全與需注意的倫理與法律）等部分。茲將一般諮商倫理重要議題分述如下：

一、以當事人權益與福祉為第一優先

諮商首要以「不傷害」為原則，進一步則是「為當事人謀取最佳福祉」，因此諮商師的首要倫理原則是「不傷害」，包括所使用的技術、與當事人維持適當的專業治療關係、做研究或廣告時注意保密等，同時要以保護當事人生命為優先。

二、保密原則

（一）保密是維護當事人權益之必要，同時也是建立治療信任關係的關鍵。縱使在與成年當事人晤談前，可以在諮商契約裡說明保密的原則，但是當事人有自傷或傷害他人的潛在危險（包括法定的傳染疾病），就不在此列。如果是實習生，在督導的協助下，有時與督導討論個案，也不在保密之列，當然這需要當事人的知後同意。

（二）倘若當事人是法律上所規範的「弱勢」（如未成年、無行為能力等），有時候需要獲得監護人的知後同意之後，才可以進行治療，但是諮商師對於當事人的保密是否就要打折扣？或者當事人是被法院強制治療的，治療師在保護當事人隱私與法院的強制了解之間，也需要取得平衡。這些都是需要注意的。

（三）在進行團體／家族／伴侶諮商或治療時，保密的確是很重要的關鍵，若管理得好，有助於團體凝聚力、贏得當事人的信任，萬一失當，就可能危害成員（當事人），因此治療師還是要以當事人的福祉為優先考量。

（四）保密還涉及當事人的資料、紀錄與身分之保護，諮商師最好先弄清楚或了解相關的一些法律，免得因為責任之間的衝突造成保密的誤判（Corey, et al., 2007），臺灣諮商師法也規定諮商師需要接受最低限度的法律與倫理繼續教育時數，其用意在此。

專業倫理守則的道德原則基礎
（Meara, Schmidt & Day, 1996,引自林家興, 2014, p.7）

自主（autonomy）	專業人員應促進當事人之自主權，避免當事人依賴他人，也應尊重當事人之自主性，促進當事人的獨立判斷與自主自決能力。
避免傷害（nonmaleficence）	專業人員在與當事人工作期間，應避免傷害當事人，在選用治療技術時，即使治療無效，也不會傷害當事人。
受益（beneficence）	專業人員首要之務在促進當事人福祉，有責任提供當事人最有效之治療。
公平對待（justice）	專業人員應公平對待當事人，不因當事人之人口背景（如性別、種族、年齡、語言、社經地位、性傾向、宗教、能力等），而有差別待遇。
忠誠（fidelity）	專業人員應對當事人忠誠，遵守承諾、維繫信任關係，所作所為都應以當事人的最佳福祉為考量。
誠實信賴（veracity）	專業人員應以誠信態度對待當事人，不欺騙當事人，信賴當事人，也被信賴。

重要倫理的面向

注意項目	說明	解釋
不傷害當事人	簽訂諮商契約是為了保障當事人的權益；此外，在治療進行過程中，首先都要考量到對當事人是否有益。	諮商師需要有敏銳的危機意識及同理心，只要直覺上懷疑當事人可能（會）受傷，就要直接仔細詢問。基本上，當事人來求助時，自我強度較為脆弱，許多細節都要注意，不能傷害當事人。
知後同意	任何有關當事人權益的事，都要獲得本人（法律上無行為能力者，包括十八歲以下與身心障礙者）或監護人之同意。	這是保障當事人與治療師的必備動作，包括簽訂諮商契約，需要錄音、發表研究報告或論文，以及使用新的治療方式或技巧時，都需要簽訂知後同意。
保密原則	在不傷害當事人與其他人的情況下，謹守保密原則。	保密是建立治療關係最重要的關鍵，然而也有例外（當事人自傷或傷人、任何人受傷的可能性）需要考量，也要讓當事人知道。
雙/多重關係	除了治療關係之外，其他有害於治療或當事人福祉的關係都不應有，因為諮商師是處於較有權力與地位的立場，關係處理不當就會造成傷害。	有些學派（如女性主義治療）對於治療之外的關係較無嚴謹規範，但是一般說來，關係越簡單越容易處理，也較不容易發生倫理議題，諮商師負有維持關係界限的完全責任。

2-3 專業倫理（續一）

三、雙重或多重關係

治療師要盡量避免與當事人之間有治療以外的關係，是因為治療師的地位與立場是較為權威（有權力）、被仰賴的，容易剝削當事人或誤用權力（Herlihy & Corey, 2006），而影響其判斷力，或未能提供有效的服務。因此，諮商師必須要負責任地使用其權力，可讓當事人信賴，同時尊重當事人的尊嚴與自由，有足夠的專業知能與判斷力，提供有效的服務（Herlihy & Remley, 2001）。

若治療師以私利為出發，容易賠上當事人的福祉，因此應該盡量避免雙重或多重的關係，特別是性關係。女性主義治療師沒有特別限定治療關係之外的發展，主要是相信當事人有能力且是社會有用的一分子，但是仍應謹守「不傷害」的原則。治療師本身要負最大的責任，為適當的「界限」把關，最好的方式就是對自己誠實、自我檢討治療師行為對當事人的影響為何（Corey, et al., 2007）。

Corey & Corey（2011）特別提到「違反界限」與「跨越界限」不同，前者是指傷害當事人的福祉，也是法律上所不允許的行為（如性關係或性騷擾、性侵害），後者是指「暫時跨越」角色的行為（像是治療師去參加當事人的畢業典禮、給予支持）是可以有程度地允許。當然這涉及諮商師的判斷力，因為萬一結果不如預期，可能就會吃上官司。

四、諮商師的專業責任

（一）諮商師訓練與轉介

諮商師除了要接受適當訓練、通過必要考試、拿到證照與繼續教育之外，諮商師對於自己可以提供的服務範圍與能力，也要很清楚。必要時，例如有利益衝突、雙重關係，或有其他專業人員可以對當事人做更好的服務、治療效果不佳或進度緩慢時，以及當事人有必要接受其他服務時，可做轉介動作。要做轉介動作前，都要向當事人說明，並取得當事人之同意。

諮商師應該持續進修有興趣的領域或專業（如對不同族群、性傾向或是議題），對於自己可以提供的服務範圍與能力也要很清楚。

諮商師每一回所遭遇的當事人，可能都是諮商師第一次面對的問題，不能因為自己沒有經驗而轉介所有的當事人，這樣不僅自己沒有機會處理不同個案，也無法磨練與累積自己的專業實力，因此治療師最好要明白為何做轉介的原因。

諮商師做了轉介動作之後，還需要有跟進的動作，因為許多的轉介需要與不同人員（如精神科醫師、心理師、社工師、教師或家長等）協調與合作，諮商師需要了解當事人的進展或進度，同時也繼續與當事人的諮商工作。

小博士解說

倫理的規範主要是：

1. 教育諮商專業人員與大眾有關此專業的責任。2. 藉由倫理規則的執行，提供此專業的基本可信度，保護當事人免於受到不合倫理行為的傷害。3. 提供專業人員執業的反省與改進基礎（Herlihy & Corey, 1996, cited in Corey, 2005, pp.38-39）。

Herlihy與Corey在雙／多重關係上對諮商師的提醒（2006, pp.191-194）

★ 多元關係幾乎會影響所有的心理衛生執業人員。

★ 大部分的專業倫理都會提醒該領域的成員，要小心雙重關係的形成，卻沒有進一步知會這些關係的複雜性。

★ 並非所有的雙重關係都可以避免，也不是所有這類的關係都是有害的。

★ 多重角色關係挑戰我們的自我監控能力，也可檢視我們執業的動機。

★ 無論何時，當我們考慮要進入多元關係時，最聰明的方式就是去諮詢信任的同事或督導。

★ 幾乎沒有絕對的答案或方式，可以解決多元關係的難題。

★ 當決定是否進入多元關係時，應以當事人或所服務對象的福祉為考量，而非保護治療師自己。

★ 在決定進入多元關係前，要先考慮其潛在益處是否多於害處。

★ 諮商師教育訓練課程應介紹界限議題，並與學生探討多元關係的議題。

★ 諮商師教育訓練課程或機構，有責任發展出一套屬於自己的原則、政策與過程，來處理課程內多元關係與角色衝突的問題，以及更多諮商場域可能出現的雙重或多重關係。

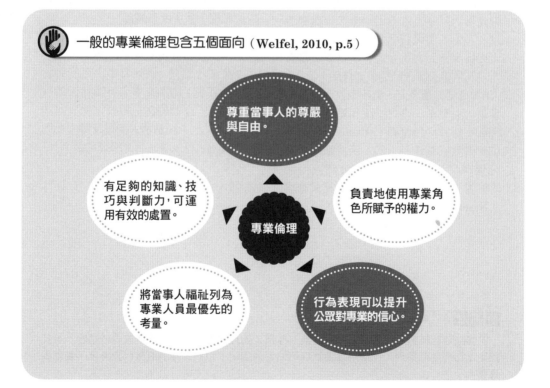

一般的專業倫理包含五個面向（Welfel, 2010, p.5）

專業倫理

- 尊重當事人的尊嚴與自由。
- 負責地使用專業角色所賦予的權力。
- 行為表現可以提升公眾對專業的信心。
- 將當事人福祉列為專業人員最優先的考量。
- 有足夠的知識、技巧與判斷力，可運用有效的處置。

2-4 專業倫理（續二）

四、諮商師的專業責任（續一）

（二）能力方面的考量

能力是一個逐漸養成的過程，許多諮商師都是從新手慢慢磨練成熟，因此準諮商師不需要妄自菲薄。但是，治療之持續與否，也要以當事人的最佳福祉做考量，其他像是測驗的使用與解釋等，都需要經過完整訓練之後才可以運用。

諮商師需要持續不斷地在專業與自我成長上增能，才能夠提供最好、有效的協助。諮商師也不應對自己沒有訓練的能力或效能做不實的宣傳，更不應該擔任自己能力之外的執業項目。

（三）多元文化知能

在現今多元文化的社會中，諮商師不應只是針對當事人本身做治療，也需要考量其身處的環境與社會文化脈絡，自己也要擁有多元文化知能，這是尊重當事人、為當事人謀福祉的重要條件。

治療師要尊重多元，對不同文化背景的當事人要尊敬，也對文化相關議題（如種族、語言、價值觀、性傾向、社經地位、宗教或靈性需求等）保持敏銳，同時覺察文化與社會力量對於個人生活的影響，也留意自己可能的偏見或歧視（Nystul, 2006）。

諮商師不因為當事人的性別、種族、膚色、語言、年齡、社經地位、長相、能力或障礙、性傾向等而有差別對待，但是這需要有深刻的文化覺察、好奇與持續的進修動力，才能竟其功。

諮商師對於自己的文化要能夠了解，且敏銳覺察文化對自身的影響，有無因而將自己的文化視框帶入諮商室裡，同時要對當事人的文化抱持好奇，讓當事人教育我們有關其文化的內涵，也尊重當事人在其文化中的影響力與角色。

文化意謂著不同的價值觀，因此倘若諮商師對於自身文化及當事人文化未深入探索與了解，也可能造成潛在的文化歧視或價值觀偏誤，讓當事人無法持續求助歷程，甚至受到傷害。

Hill（2009/2013, p.172）建議諮商師可以：當文化差異很明顯時，與當事人直接談及文化差異；注意當事人可能有的不舒服感受；詢問當事人有關助人的價值觀（如「你們的文化對於求助於諮商師的看法」）；請當事人多述及其文化的相關資訊，可以讓諮商師學習更多。

小博士解說

諮商師若能夠將自己受訓學歷或背景、專長（如理論取向、擅長服務族群或議題）等認證影本掛在諮商室內，不僅可以做為自己能力的證明，也向潛在的服務對象展示了專業與專長。

協助治療師做更佳倫理判斷的幾個步驟（Corey et al., 2007, p.20）

認定有問題出現 → 定義問題（與當事人合作討論） → （與當事人一起）研究解決之道 → 選擇解決問題的方法

先預習整個問題解決過程，然後重新做選擇 → 與當事人一起執行與評估解決方式及其效果 → 繼續反省

 諮商師多元文化議題檢視表

種族	對於不同種族或膚色的人，我的對待方式是否不一樣？例如對白皮膚的高加索人比較親善，對膚色較黑的人（如印尼、南美或原住民）則是較不友善？
語言	對於不同說話腔調（或口音）的人，會不會有不同對待或懷疑？像是喜歡 ABC（美國出生的中國人），不喜歡說話有臺灣腔的人？或是南部人會懷疑對方不是南部人？
價值觀	價值觀的相同或相異，會影響你／妳對此人之評價或態度嗎？
性別	因為他與你／妳同性別而特別親近或疏離？不管你／妳的性別為何，會不會比較「尊重」男性而較不尊重女性？或是你／妳認為哪些行為「應該」屬於某特定性別？
性傾向	你／妳對於同異性戀者有強烈的個人意見嗎？或是你／妳不能接受性傾向少數族群？
社經地位	對於社經地位高／低者，你／妳使用的語言或態度不同嗎？
宗教或靈性需求	因為對方的信仰與你／妳相同或相異，而有不同對待方式？或者是對方有無宗教信仰，都影響你／妳對他／她的觀感？
城鄉地域	因為對方來自大都會而特別尊崇，或是對方來自鄉村地區而鄙視之？
年齡	會不會因為對方是年幼或老年，而有不同的對待？
能力程度	會不會因為對方有身心障礙，而過度同情或鄙視？
教育程度	會因為對方的教育程度較高而極為尊敬，或因對方沒有高學歷而有不同的對待方式？
長相或外表	因為對方的長相較清秀而「愛屋及烏」，或是因為對方長相普通而冷淡對之？

2-5 專業成長、價值觀、自我覺察與照顧

專業成長

諮商師與一般醫護人員一樣，需要在執業有效期間（通常是六年）滿足繼續教育學分，其中還包括倫理與法律、感染與傳染疾病等學分。繼續教育是專業成長很重要的一環，然而真正有效能的諮商師並不以此為滿足，除了法律規定的最低繼續教育時數外，閱讀與進修是平常的功課，還要不時參與研討會、督導、個案討論等，甚至自己也做相關研究、結合理論與實務。諮商師持續不斷進步，不斷有新的知識進來，也是當事人之福。因為諮商是處理一般人的生活困擾與議題，諮商師是人類社會中的一分子，自然也會遭遇到一般人生命中的困境，因此諮商師需要進修的不只是專業上的知能而已，對於人間世事的任何資訊都需要涉獵，因此上自天文、下至地理，甚至是生命哲學，只要有興趣，都可以廣為探索。

諮商師的價值觀

諮商師有自己的一套價值觀無可厚非，但切勿將自己的價值觀強加在當事人身上，這也是專業倫理需要遵守的一環。價值觀是一個人對於世界上許多事物及宗教、靈性的態度，含有是非對錯或優劣等評價，也是一個人生命的指導原則或哲學，亦牽涉到文化、社會等議題，就如同我們不干涉彼此的生活方式一樣，也需要賦予相對的尊重。

諮商師在面對不同的當事人時，偶而會發現彼此信念不同、對事物的看法不一樣，甚至會發現彼此看重的有所差異，這些都有可能會有扞格或衝突感，可以與當事人討論或是提供不同觀點，但不能要求當事人也遵從。價值觀的表現通常極為隱微，提醒諮商師要特別留意，這也就是自我覺察如此重要的原因。

自我覺察與照顧

要成為一個諮商師，最重要的是了解「自己的模樣」（Corey, 2001），「知道自己是誰」也是發展自己獨特諮商型態的起點。擔任諮商工作，不僅可以面對自己許多未探索的障礙，如權力、性慾、價值觀，或一些存在議題，如孤單、死亡與意義，也可以藉由進一步的覺察與行動，讓自己的專業與生命品質更佳。諮商師需要了解自己為何要走入這一行，必須對自己有較清楚的認識與了解，才會有足夠的動機繼續走在助人專業的路上，要不然很容易耗竭，或是沒有助人反而害人。在諮商師教育中，自我覺察的重要意義在於：

一、避免將自我未解決的議題帶入諮商場域中，甚至損害了當事人的福祉。

二、從認識自我的過程中，更清楚自己，也接受自己，才可以做為當事人的典範而使之效法。

三、在治療過程中，諮商師本身就是最重要的工具，因此也可以決定治療的有效程度。諮商師更清楚自己的個性、能力、價值觀與挑戰，就可以減少諮商中可能犯的錯誤。

小博士解說

諮商師的「自我覺察」是相當重要的功課，在治療別人之前，自己要先做內心的整理，才會發揮效能去協助當事人。「自我覺察」可以讓諮商師看見自己的不足或未竟事務，然後採取行動去補足或療癒，才不會因為自己的私事而妨礙當事人福祉，同時也可以做為當事人效法之楷模。

助人動機	可能的危機
我想要對他人造成影響	因為重視當事人的改變，可能會從「賦能」（使其有能力或力量）當事人而獲得滿足，若當事人無意改變，就容易受挫或感到灰心。
我想要回饋給曾經幫助我的人	自己曾經受到協助，轉而想要幫助他人，但可能因為過度幫助，而讓當事人覺得無能或無自信。
我想要照顧別人	是因為自小就有的習慣，也成為個人認同的一部分，但是這種單向的照顧，一來不一定會得到認可或喜愛，二來容易身心耗竭。
我想要協助自己，做自我療癒	若諮商師有過創傷經驗，容易過度同理當事人，或將當事人視為自己的延伸，失去客觀性，反而未能協助當事人。
我想要被需要	覺得「被需要」很重要，但若他人不感激就會感到失落或憤怒，也可能忽略了自己的需求。
我想要有名望、地位與權力	從事這一行有時必須與弱勢族群工作，經濟上的酬賞並不豐厚。倘若諮商師以收入為考量，是否就不去幫助需要協助的人，或讓可以結案的人持續接受治療？這都違反了專業助人的善意與本質。
我想要為問題提供解答	很多時候，一個問題並沒有解決方式或根本無法解決，由行動做改變的還是當事人本身，若當事人無改變意願或動機，諮商師就容易受挫或認為當事人不合作。
我想要獲得掌控	想在生活中有適度的掌控是正常的，倘若想控制更多，甚至涉及他人的生活，不僅對方可能會有反感或抵抗，諮商師本身也會有情緒上的失調或失控。

諮商師的價值觀檢視表

價值觀	進一步思考
性別	是否很堅持不同性別的刻板印象或偏見？是否認為男人應該像什麼模樣？女人應該如何？對於不同生理性別表現出不符合該性別的典型行為（如男生很娘或比蘭花指）會覺得不舒服或噁心？
性傾向少數族群	對於性傾向少數族群，是否有足夠的認識？
家庭價值觀	對於不同性別在家庭中的角色如何？對於「完整家庭」有無迷思？
宗教或靈性信仰	對於諮商師自己與當事人的宗教信仰有無迷思？或因為宗教關係，有些價值觀不能改變（如不贊成同性婚姻或墮胎）？
不同種族者	國內不同的種族各有其特殊的文化背景或宗教信仰，諮商師本身有無意願去了解？與這些族群有無第一類接觸經驗？有無刻板印象？
生命權	對於墮胎（維護生命權或選擇權）或安樂死的觀點如何？
性慾與性行為	諮商師本身對於性慾的看法如何？對於性慾與親密關係有何想法？對於當事人提出有關親密關係或性行為的態度如何？對於結婚與單身、婚外情或劈腿的觀點又如何？

2-6 自我覺察與照顧

自我覺察與照顧（續）

「自我覺察」是許多諮商師養成過程中著重的一項功課，其目的是希望諮商師在真正協助他人之前，有足夠的自我知識，一來可以讓自己在個人與專業上持續成長（這也是當事人之福），二來可以避免諮商師在臨床工作中出現的自我議題，妨礙了治療過程與功效。

有研究者（Radeke & Mahoney, 2000, cited in Corey & Corey, 2011）發現：專業助人者不僅在助人工作中看到自己的影響力，也讓自己成為更好、更有智慧的自我覺察者，他們更能欣賞人際關係之美、忍受曖昧不明、享受生命之美、感受靈性，也有機會去檢視與改變自我價值觀，這裡也說明了光是覺察的力道尚不足，還需要有改變的動力與行為。

諮商師帶著自己的世界觀（對世界的看法與假設）、性格、價值觀、經驗、文化、理論取向等進入諮商現場，這些都會影響其助人工作。諮商是與他人親密接觸的工作，倘若諮商師無法與當事人建立良好的治療關係，就必須要回歸到「自我議題」上（Hill, 2009/2015, p.38）。

助人專業不是徒具技巧就可以，而是需要有熱情、有心，加上適當的專業知能，才能樂此不疲。諮商絕非「匠工」之事，而是需要持續不斷地投入熱情、經驗，才是當事人之福。因此，不管是在日常生活中或臨床服務上，都需要自我檢視與反思的功夫，加上改變的努力與行動，才可以讓諮商師裡外一致，提供真誠有效的服務。

諮商師每一回在面對當事人時，都是專注、有精神、準備好的，這是職業道德，也是提升專業倫理的作法。因為遭遇生活瓶頸或困境的當事人，若是看到精神抖擻、充滿熱情的治療師，也會對自己來求助的願景較為正向、懷抱希望。

諮商師在治療過程中需要耗費許多心力，加上來談的都是生活遇到困難的當事人，告訴諮商師的都不是歡喜的事件，因此諮商師會接收到許多負能量，可能腦中會時常纏繞著當事人的議題、該如何協助等念頭，有時候會忽略自己的健康或需求，也會有家庭與工作角色的衝突，所以諮商師的自我照顧，除了一般的身心靈健康外，人際關係與界限、接案量與限制都要權衡，也要給自己足夠的休閒與休息、進修與支持網絡、有固定督導與討論對象等，甚至去找諮商師做治療（Corey, 2005; Kottler & Hazler, 1997），以維護自己的身心健康，避免提早耗竭。

諮商師的自我覺察與照顧，不僅有助於自己不傷害當事人福祉，也可以趁早做自我改善與增能，讓自己在專業上不耗竭，持續擔任有意義的助人工作。

小博士解說

「反移情」可能是諮商師自身「未竟事務」的展現，也可反映出諮商師的「自我議題」。通常新手諮商師會將自我議題帶入諮商場域而不自知，就需要督導的提點與諮詢，然而一旦自己自立門戶，就需要更敏銳的自我覺察與行動來防治。

諮商師的自我照顧面向

正常作息
與均衡飲食

養成良好嗜好、
運動與習慣

注意與滿足自我
的需求

平衡與適當
紓解不同的
角色與要求

經營有意義的
人際關係與
支持網絡

適當休息與休閒

接案與工作安
排，不超出能力
可勝任範圍

有固定同儕互助
與督導機制

持續研讀相關
資料或研究，培
養自己的效能

花時間冥想
與放空

 諮商師的健康面向（Magnuson & Norem, 2015/2015, pp.13-15）

認知	是否常常參與激發思考的活動，接收新訊息？
職業	是否對工作樂在其中、增進專業知能，並與休閒做平衡？
生理	規律作息與運動，均衡營養，無不良嗜好。
社會	參與公共事務，與人正向互動，表達感激之情。
情緒	體會與具體表達情緒，適當因應壓力，管理情緒。
靈性	關心他人與周遭世界，堅信人生目的，參與冥想等活動。

2-7 諮商師的透明度

諮商的第一個要件是諮商師自己，因此諮商師在受訓期間會被提醒需要有敏銳的自我覺察能力，並做適度的調整與改進，才可以勝任治療工作。

諮商師是治療中最重要的工具，諮商師應善於運用自己，以達到治療的效果。諮商師的真誠或前後一致、無條件積極關注、正確的同理心（三個核心條件），是建立治療關係最重要的元素。在諮商中，是有一位「不一致」的當事人，與「一致」的諮商師，透過心理的接觸，而治療師必須提供前述的三個核心條件，才可能達到療效（Rogers, 1957, cited in Hackney & Cormier, 2009, p.66）。

諮商師的「一致性」是表現在言語、行為與感受的一致，內在反應與行為的一致，以及覺察自己使用的語言、感受與反應的一致（Hackney & Cormier, 2009, p.66）。

治療師的真誠，指的是開放、前後一致，或是 Rogers 所稱的「透明度」（transparency）。治療師在進入諮商室之後，不需要掩飾自己或假裝，而是以真正關切、熱誠的態度來對待當事人，諮商師的真誠可以表現在「開放度」、「立即性」（immediacy）與「自我揭露」（self-disclosure）上。通常當事人在面對真誠無偽的治療師，與治療師有坦然、不做作的真實關係與對話時，就容易卸下心防或面具，進而接納自己、自然表現自己，這其實就是具療癒效果的過程。

一般人在日常生活中較沒有機會呈現真實的自己，或許是擔心他人對自己的看法或評價，或許是擔心影響工作或人際所致，而在諮商關係中卻可以做自己（所謂的「如我所是」）、與人真誠交會，這是何等珍貴的經驗！換句話說，諮商師的透明度不僅營造了信任關係，也讓當事人可以接受真實的自己，是雙向的互惠。

諮商師既然選擇了諮商做為自己的志趣或生涯，也就是選擇了自己喜愛的生活方式，這說明了在專業與個人成長並行外，諮商師的專業自我與私我也是一致的，不可能在專業上是一個面貌，在個人生活上又是另一個面貌。

那麼諮商師要如何傳達自己的真心呢？首先要在行為上表現出一致性、開放性與立即性的使用。「一致性」還涉及在諮商過程全神貫注，保有開放的態度與想法，也做及時、適當、有效的自我揭露；「立即性」是與當事人分享在諮商過程中的想法或感受，包含對諮商師自己、當事人與治療關係的想法或感受，就溝通的內容或治療關係的某些層面做討論或回饋，以及聚焦在當事人的自我探索（Hackney & Cormier, 2009, pp.81-83）。這些技巧也會在稍後的篇幅中介紹。

小博士解說

「自我揭露」是指刻意地將與諮商師私人有關的訊息，透露給當事人知道。最有效的自我揭露，就是透露相似於當事人所說的內容與心境（Hackney & Cormier, 2009, pp.82-83）。

自我揭露可能產生的問題

> 會將焦點從當事人身上轉移到諮商師身上。

當事人可能會認為諮商師的自我揭露是正常的。若在其他諮商師身上沒有發現這一點，會覺得奇怪，就像諮商師當團體領導時，成員會認為為什麼諮商師都不說自己的事，卻只聽其他人的故事。

若自我揭露不是做「示範」之用（如在諮商團體中示範，讓成員知道該如何做自我揭露與分享），有些當事人可能因此認為諮商師「無能」或「不專業」，特別是對年幼的當事人而言。

新手諮商師會面臨的一些挑戰（Corey, 2005）

處理自己的焦慮
擔心與當事人間的不確定未來，以及自己的專業能力是否可以勝任。

自我揭露的程度
怎樣才是適當的揭露？太少則可能難與當事人建立信任關係，太多則當事人會懷疑其動機或專業性。

完美主義
害怕犯錯、未能處理好當事人的問題。

對於自我能力的了解
不太清楚自己會什麼，也不知道自己可以為當事人做些什麼。

對於當事人的要求該如何應對
需要討好當事人，或讓當事人喜歡自己嗎？

是否能忍受曖昧不明的情況
擔心沒有明確的目標或結果。

太擔心當事人的情況
將當事人問題個人化，或是將當事人問題帶回家。

如何適當使用諮商技巧
基本諮商技巧要熟練，但是不應以技巧取勝，只要多加練習，即便可能犯錯，慢慢就能較迅速地修正。

如何與當事人分攤責任
當事人才是改變的主角，卻又期待諮商師可以協助其改變。

如何展現適當的幽默
當事人會不會認為諮商師太小看問題，或是諮商師在嘲笑自己？

如何處理諮商過程中的沉默，或了解沉默的功能
急著填補空白與沉默，說太多話或是太急躁。

如何發展自己的諮商型態
諮商師對自己要很了解，也對一些可以解釋自身經驗的學派有更深的涉獵，就可以慢慢發展出自己的諮商型態。

對於不肯承諾的當事人應如何處理
若當事人不能承諾（改變），是不是就表示諮商無效或諮商師無能？

自己成為一位諮商人的定位是如何
諮商師不太清楚自己可以協助當事人的範圍是哪些。有些諮商師急於「替」當事人解決困境，忘了當事人才是著手改變的主角。

如何做自己與專業助人者
諮商是一種生涯選擇，做自己與諮商師應該是同一人，需要經驗與生活的歷練以讓自己更清楚為何選擇此生涯。

2-8 諮商師的準備工作

一、事前準備工作

諮商師在進入諮商室工作之前，在心理與身體上都要準備好（身心安頓）。倘若在諮商時段之前匆匆趕來，也需要給自己喘息的機會，最好是在諮商進行之前到場，不僅可以看一下新當事人的資料，或是複習上次與當事人談話的紀錄，有時候甚至要準備一些量表或媒材，思考一下今天要與當事人進行的內容，才可讓諮商更順利，也更具效果。此外，還必須針對當事人的特殊議題與療法，做研讀或複習。

二、自我覺察與行動

諮商師一直需要有自我覺察的功課，許多諮商師教育者（就是培訓諮商師的老師）常常會提醒準諮商師，需要在自我知識方面多下功夫，畢竟諮商師也是人，處理的是生活事務，因此要先做好自我整理（包括處理「未竟事務」），以防自己在面對當事人時，有所謂的反移情現象，或者是對當事人造成傷害。

曾經有諮商實習生在全職實習時，因為自己長久以來未處理好的個人親密議題，影響到其對當事人現況的了解，甚至讓當事人因而覺得受傷，該實習生的駐地督導就直接讓實習生不及格，並讓其返校去處理私人事務。

「未竟事務」不可能一次就處理完成，然而諮商師願意去面對，才有處理或修正的機會。Hackney 與 Cormier（2009, p.13）將諮商師的自我覺察與心理健康，列為有效治療師的先決條件，將之置於對自我與他人文化的了解、開放心態、客觀、能力、可靠及人際吸引等條件之前，可見其重要性。甚至進一步提及有效能的諮商師本身需要先做統整及自我覺察的工作，進一步才能視當事人為特殊、有價值的個體，然後才能夠了解當事人的經驗。

三、諮商專業倫理謹記於心，並隨時諮詢

諮商助人專業影響甚廣甚鉅，因為是濟人於急難或困厄，因此更需要嚴謹遵守專業倫理。倫理所提供的是原則，並沒有實際的運用細節，因此需要仰賴諮商師的直覺、經驗值與判斷力，才能嘉惠當事人，同時提升專業形象。遇到感覺不對的情況，在記錄下來的同時，諮詢諮商同儕或督導，甚至法律專業，就可免於傷人或受傷。

只要在臨床工作上「感覺」不對勁，可能就是需要檢視倫理議題的時候，不要壓抑自己的「直覺」。同時，要習慣地反思每一次諮商過程或是將錄音帶重複聆聽，若是有忘記做的動作就趕快補足，必要時還要擔任當事人的代言者、倡議者，以及社會或制度的改變者。此外，還需要注意諮商師執業的場所（如學校、醫院或社區）不同，做倫理判斷時需要考量的亦不同，深入了解所服務的場所文化與運作是關鍵，不是以自己的專業倫理為唯一考量。

小博士解說

每位諮商師都有自己專修的領域或專長，就如同醫師的訓練，前六年是一般醫學的訓練，接下來就要針對自己有興趣的專科（如眼科、心臟科）做更深入的實習與涉入。諮商師訓練課程也是如此，一般專業訓練的諮商對象可能是成人居多，若諮商師對於兒童或青少年族群，或是對於情緒障礙或家庭議題等有興趣，就要花時間與心力去深入、熟悉。

保密例外情況（諮商師倫理守則）

當事人控告心理師時

涉及法律強制通報要求時

保密例外情況

當事人或其監護人放棄保密時

諮商師懷疑當事人有自傷或傷人的危險時

專業人員接受系統性專業督導與諮詢時

 以下情況的保密都有所限制（牛格正、王智弘，2008，pp.147-161）

當事人同意或要求洩密	當事人同意時，或當事人對諮商師提出控訴。
法庭要求出庭作證	當案件進入法律程序時，治療師必須提供，否則就是藐視法庭。
當事人涉及訴訟案件	當事人控告他人或被控告時。
預警、保護與舉發	當事人可能危及自身或他人、當事人要求透露資料、法院命令、諮商師正在接受督導、當事人未成年、機構內的制度（分享資訊乃處理過程的一部分）、當事人在法律程序上提出其心理健康的問題、諮商師合理懷疑有虐待情事或法定傳染病發生。
監護權的要求	離異家長尋求法定監護權。
婚姻與家庭諮商	治療關係中不只一位當事人。
機構的特殊情況	如學校或心理疾病機構，有時相關人員都需要知道當事人的情況。
團體諮商	治療關係中不只一位當事人。
專業需要	專業上的研究、教育或諮詢時，得視目的而定，要謹慎小心。
電話或網路諮商	設備、技術或隱私是否足夠？

2-9 諮商師的準備工作與使命

四、勇敢面對每一位當事人

諮商師接案時，會遇到許多的「第一次」，不要因為自己是新手就退卻，而是應該坦然面對當事人，將當事人視為我們的老師，願意讓我們做協助的嘗試、磨練我們的專業知能。

在每一次接案之前，讓自己有所準備，像是了解與閱讀目前協助此類議題當事人的最新策略與方式，至少讓自己心裡有底，也比較不會慌亂。在進行治療時，不要嚇自己，深吸一口氣、放鬆後，就可以開始。

五、諮商師的理論取向展現在生活與專業上

儘管在諮商師訓練過程中，需要研讀不同取向的諮商理論，而諮商師因為自己的個性、經驗與信念，會比較鍾愛某個取向的諮商理論，也會對此理論有更深入的鑽研與了解，成為自己的核心理論。

「諮商」不僅是生涯選擇，也是一種生活態度與理念，許多人在學習諮商之後，其行為與生活方式自然會與諮商理論合為一體。

諮商師的使命

要當事人到諮商師面前求助本就不易，況且還要將自己私密或不堪的事說出來，因此諮商師要珍惜這樣的特權與機會，盡量不辜負當事人的期待，同時也努力讓當事人的生活品質更好、情緒更穩定愉悅，也有信心發揮自己的能力以貢獻社會。即便當事人可能因同樣的問題一直出現在諮商師面前，諮商師要有能耐讓當事人養成能力去面對每一次生命的課題或考驗，也使其自我強度更佳，而不是以治療師馬首是瞻、過度依賴。

治療師不僅是針對當事人一個人工作，當事人可能是一對配偶或伴侶、家庭或家族，以及團體。因為諮商師面對與接觸的是社會中的弱勢族群居多，倘若當事人所處的情境或問題是因為社會制度或文化所造成，諮商師就必須肩負起代言、倡議與改變的角色。

諮商師是社會的一分子，其倡議與改變的功能可以經由協助當事人、家庭或社區，用研究來發聲或催生相關政策的產生，或是直接走入社區，與其他專業人員及社區居民一起做系統化的改變，這些都是諮商師的使命，目的是讓我們所生活的世界更美麗。簡而言之，諮商師不能只是獨善其身，還要兼善天下。

小博士解說

助人工作的注意事項（Hill, 2009/2013, pp.7-9）

1. 可能讓當事人陷於不良情境或關係中，無法有效改進其現況（未保護當事人）。
2. 可能造成當事人依賴諮商師。
3. 將諮商師的價值觀灌輸給當事人。
4. 諮商師從事超乎其能力範圍的工作，如對某族群或議題不熟悉，仍持續做治療。

避免違反專業倫理的指導原則
（DePauw, 1986, cited in Nystul, 2006, pp.40-41）

 諮商前　廣告的適當性、費用之清楚規定、提供諮商師能力與專業所及的服務、讓當事人了解可選擇的服務項目、避免雙重關係、清楚指出實驗治療取向並採適當防護措施、清楚說明保密的限制。

 諮商中　謹守保密原則、必要時尋求諮詢、適當保管當事人紀錄、在當事人有自傷或危及他人時採取必要行動、了解並通報有關虐童或疏忽個案的相關法律。

 諮商結束後　當事人在諮商結束時與結束後所關切的議題為何？若當事人已經不能在治療中獲益，治療師要提議結束治療或是轉介？再來就是評估治療效果。

 「知後同意」包含的要素（牛格正、王智弘，2008，pp.128-131）

 要素

完整資訊

說明
過程中要提供給當事人完整資訊，包括：諮商師的角色與專業資格、諮商目標、處理方式的選擇、過程中可能的冒險、結果利弊，也開放給當事人發問，以協助其做合理決定。

 要素

自由意願

說明
當事人有權利接受或拒絕諮商服務，若當事人是非自願個案，也可以清楚了解自己的權限。

要素

資格能力

說明
當事人有資格與能力行使同意權，未成年者可得其監護人之同意。

 要素

充分理解

說明
以當事人可以理解的語言進行溝通。

第3章
建立工作關係

學習目標：

　本章會以建立諮商或治療關係的步驟與所需技巧做簡介，包括諮商師如何展現自己、積極傾聽與做適當的同理等反應，也會提及當事人可能出現的抗拒行為。

3-1 建立工作關係階段

這個階段是 Hill（2009/2013, p.33）所稱的第一階段「探索」，其特點在於建立支持性、與當事人發展治療關係，鼓勵當事人說故事、探索其感受，藉此多了解當事人。探索階段的目標，在於建立默契和信任關係，專注、傾聽與觀察，協助當事人探索想法，催化情緒釋放，也從當事人那裡學習（Hill, 2009/2013, p.86）。

治療關係是諮商效果的最重要因素，因為其所營造的信任感、安全氛圍，讓當事人可以暢所欲言或盡情表達情緒，同時讓當事人體驗到健康的人際關係，然而也要注意不同個體對關係的知覺不同（Hackney & Cormier, 2009, pp.86-87）。

諮商師在第一次接觸當事人時，就已經開始建立關係，而治療關係不是一次就可以建立，當事人會持續在整個諮商過程中測試諮商師與治療關係。即便是轉介過來或是非自願當事人，諮商師在與其接觸時，也要關注於治療關係的建立，雖然當事人的抗拒會較強，然而諮商師也要努力讓當事人享受最好的服務。一般說來，「抗拒」（resistance）是正常的，諮商師自己在第一次接觸到未接過的案子或當事人，也會有抗拒的情況，只是基於專業立場而不會表現出來，或是自己未能覺察。

許多當事人在初次晤談時就會做評估，決定自己需不需要在此機構做治療，或是找這位初次晤談的諮商師為治療師，也說明了治療關係之建立很早就開始了。

人本中心的治療師羅吉斯（Carl Rogers, 1951, cited in Hill. 2009/2013, p.83）相信「治療關係」本身就能讓當事人成長，在當事人遭遇到真誠無偽的關係時，自然願意表現真實的自己、對自己更具信心，也願意開放自己。

為什麼稱為「建立工作關係」？因為諮商不是「替」當事人解決問題，而是「協助」當事人解決問題，因此當事人是主角，要讓當事人願意為自己的議題負起責任，並做解決的努力與行動，這樣的關係才是「有建設性」的「工作」關係，因此許多治療師都稱與當事人是「夥伴」的合作關係。

在一個探討治療因素的經典研究中，Michael Lambert（1992）總結四個因素，第一個是「治療外因素」（40%，任何與當事人有關的因素與其周遭環境），其次是「治療關係」（30%，當事人與治療師的關係品質），後兩者分別是「期待、希望與安慰劑效應」（當事人對治療的正向期待）與「模式與治療技巧」（適當技巧與處置，各占 15%）。倘若諮商師無法與當事人建立關係，可能就需要檢視自我的議題，以及當事人的相關因素（Hill, 2009/2013, p.38）。

建立諮商關係的三個核心條件是：無條件積極關注、真誠一致與正確的同理心，這也是人本心理學家羅吉斯所提出的，都是針對諮商師而言，也就是要求治療師做到的部分，前面兩項條件已在「諮商師的準備工作」中做說明，第三個「同理心」是諮商師的特質或能力，會在本章做詳細說明。

治療關係的主要功能（Hackney & Cormier, 2009, pp.86-87）

治療關係為當事人創造安全信賴的氛圍。

治療關係提供給緊張情緒一個媒介或管道，可以允許或保護當事人表達強烈的情緒。

有效的治療關係允許當事人去體驗健康的人際關係，也可協助其將諮商經驗遷移到生活中。

治療關係也可能因為性別或其他因素而有不同詮釋，如男性重視彼此相似的興趣，女性則是分享感受。

 助人者透過以下方式建立治療關係（Hill, 2009/2013, p.42）

*註：關係與技能是相互關連的。

- 對當事人保持開放態度
- 專注傾聽當事人所說的話
- 適當使用介入技巧
- 依不同當事人給予適當處遇
- 諮商師覺察自我感受與限制
- 知道當事人對諮商師介入的反應

3-2 建立關係的三個核心條件

一、無條件積極關注

指諮商師在面對當事人時，以接納而不批判的態度，尊重當事人的個別性與特殊性，也願意去了解當事人的內心世界，真誠關切當事人的遭遇與福祉，不帶有絲毫的私人目的或利益。

二、真誠一致

治療師如何表現出真誠一致？最簡單的方式，就是治療師本身真誠坦然的為人處事方式，凡事無不可對人言，這樣的人格自然會展現在治療場域裡。Hackney 與 Cormier（2009, p.81）特別提出諮商師表現真誠一致的行為是：

（一）**自我的一致性**：指諮商師的言行一致、前後一致。

（二）**開放的態度與適當的自我揭露**：特別是曾經發生在諮商師身上的經驗，可為當事人效法或理解。諮商師的適當自我揭露，可以讓當事人體會到治療師的人性，然而要注意：1. 不可將焦點轉到諮商師自己；2. 確定諮商師的反應是正常反應，非突兀的。

（三）**立即性**：一種開放與當事人分享的情況，像是觀察到當事人的表情與所敘述內容不一致，就可以用「立即性」技巧，不帶批判地描述其行為，以澄清或關切，如：「你說的是讓人難過的遭遇，卻帶著微微的笑意在說，我不清楚這對你來說是怎樣的經驗？」

「立即性」可以讓諮商關係搬上檯面檢視，也可能引發更深度的討論或當事人的自我探索。

三、同理心

同理心就是站在當事人的立場去體會他／她的感受、想法與可能行動，並將這些理解表達出來，讓當事人知道。要了解當事人的內心世界，最重要的是「聚焦」與「連結」，需要專注於當事人所說、所表現，因此諮商師的自律非常重要，而「連結」則是將當事人經驗與其他人的經驗做有意義的連結（Hackney & Cormier, 2009, p.71）。

Kottler & Kottler（2007/2011）認為同理心是一種能力，傳達諮商師所聽、看、感受、覺察到的情境與心情，給當事人知道並正確接收，也就是可以進入當事人所描述的事件，感受其所經歷的重點。Mearns 與 Thorne（2007, p.121）認為同理心是「過程」，無條件積極關注是「態度」，而同理心是一種「存在的樣態」（state of being），不是機械式的技巧而已，且三者不可分割。

在諮商師表達了對當事人的同理（尤其是對於當事人情緒的貼近感受）之後，許多當事人會因為被了解而為之動容，通常就會自然表現出情緒，甚至哭出來，代表當事人開始拿下當初努力防衛的面具，這才是治療的開始。

小博士 解說

「同理心」是：

‧ 完全進入他人的私人知覺世界。

‧ 以平等方式來對待。

‧ 對當事人的感受深入了解。

‧ 讓當事人感受到治療師對其感受的體驗。

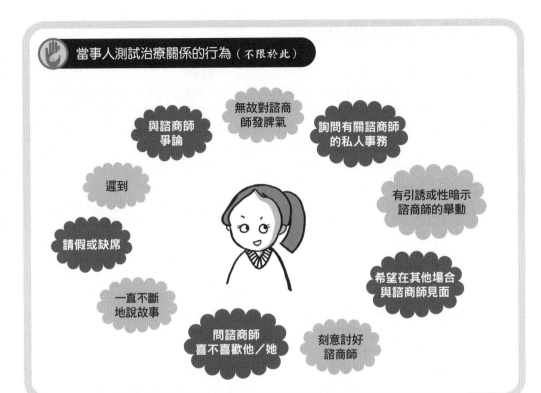

當事人測試治療關係的行為（不限於此）

- 與諮商師爭論
- 無故對諮商師發脾氣
- 詢問有關諮商師的私人事務
- 遲到
- 有引誘或性暗示諮商師的舉動
- 請假或缺席
- 希望在其他場合與諮商師見面
- 一直不斷地說故事
- 問諮商師喜不喜歡他／她
- 刻意討好諮商師

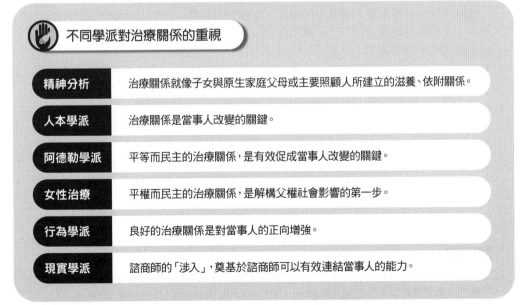

不同學派對治療關係的重視

精神分析	治療關係就像子女與原生家庭父母或主要照顧人所建立的滋養、依附關係。
人本學派	治療關係是當事人改變的關鍵。
阿德勒學派	平等而民主的治療關係，是有效促成當事人改變的關鍵。
女性治療	平權而民主的治療關係，是解構父權社會影響的第一步。
行為學派	良好的治療關係是對當事人的正向增強。
現實學派	諮商師的「涉入」，奠基於諮商師可以有效連結當事人的能力。

3-3 進入探索階段

諮商師與當事人進行探索得越深，其所產生的洞察就會越深刻（Kottler & Kottler, 2007/2011, p.29）。因此，精神分析學派的治療師通常都會花極長的時間，來協助當事人做探索及了解的工作，不僅讓當事人對自己更加了解，也清楚關切議題的來龍去脈，因而產生新的了解（洞察）。此處所介紹的探索階段技巧，也可以用在其他洞察與行動階段，只是在諮商的最初階段使用率較高，讀者不要因此受限。

一、第一次接觸

有時候當事人走進諮商室時，並非第一次與諮商師接觸，可能是在電話中就開始，因此諮商師要把握這些機會，與當事人建立適當的治療關係，且了解當事人。偶而當事人是進來先填諮商申請表，也可以趁此機會與潛在當事人攀談，開始建立關係。

在學校裡，許多當事人通常是鼓足了勇氣，才出現在輔導室門口，千萬不要只坐在諮商室裡等當事人進來，治療師若願意走近當事人，詢問其需求，或許潛在當事人就願意進來求助，因此也有學者 Richard Hazler（2008）建議學校輔導教師或諮商師以「走道」策略，與學生寒暄、熟悉學生，並且讓更多人知道助人專業。只要有過第一次接觸，通常當事人就會減少迷思，也降低焦慮。

二、觀察

諮商師要學習的第一個技巧是觀察，也要保持自己的直覺與敏銳度。觀察是諮商師蒐集資料的一種方式，藉由觀察所蒐集到的線索，不僅可協助諮商師更了解當事人，也可以做為判斷或評估的依據。

（一）觀察當事人進入諮商室的情況

諮商的第一步是學習觀察，其他介入處置的技巧尚在其次。觀察時，必須要注意當事人進來諮商室的情況，會不會有焦慮表現？當事人在閱讀諮商契約時，雖然治療師說當事人可以隨時提問，但當事人可能礙於諸多因素而不便提問，諮商師就可以再次提醒或詢問其有無不了解的地方，而相關線索都需要依靠諮商師的敏銳度去發掘。

當事人的身體語言、說話方式或衣著，都透露了自己的一部分。第一次進入諮商室的當事人，會有焦慮或抗拒的表現，像是東張西望、搓手、不知將手擺在哪裡、表情僵硬、較為沉默或一問一答，甚至不願意說話等，這些以常理來判斷就可以了解。當事人說話的用詞、腔調或方式，則表現了個人的個性、特性或文化背景。諮商師也需要配合當事人，像是面對國小階段的孩子，用詞就不需要生澀，可以多了解其流行的詞彙，以及此階段孩子的認知發展與特色，這樣就更容易了解當事人。

小博士解說

「同理心」就是治療師可以正確地覺察當事人所體驗的感受及對當事人的意義，並將所了解的訊息傳達給當事人知道（Rogers, 1989, cited in Hackney & Cormier, 2009, p.81）。

諮商師觀察能力的養成（不限於此）

仔細觀察一樁事件的始末,思考背後可能的因素。

觀察自然界的一些現象,有時只是一花一草,也會給人不同的感受與領悟。

觀察周遭人的生活樣貌。

觀察自己在與他人互動時的表現,有沒有需要改進或留意之處。

花時間去注意自己日常生活中的一些行為或舉動。

觀察能力

覺察自己在發生事件中的角色,以及優勢與劣勢為何。

 諮商師的角色（不限於此）

歷程催化者

改變代言者

示範者

傾聽者

情緒宣洩垃圾桶

諮詢者或顧問

父母

教練或老師

解釋與分析者

提供建議者

督導

陪伴者

3-4 進入探索階段（續）

二、觀察（續）

（二）觀察能力的養成

觀察的能力可以慢慢養成，像是對於肢體動作的了解與猜測，臉部表情的變化或含意，有時候還可以從當事人走進諮商室的情況及順序，來了解當事人的狀況。

如果是做家族治療，當事人一家進入諮商室的順序，也表示了某人在家中的地位，通常是地位最高或權力最大者，會領先進入諮商室；接著可以觀察每位當事人所坐的位置，顯現的也許是家中互動的模式或角色，像是若孩子坐在夫妻之間，可能就是和事佬或中介角色，若是倚靠在母親身邊，或許是與母親關係較親近或仰賴母親較深；然後可以觀察家人彼此之間的距離，也可以一窺其親密度。

觀察也包括五官的感受。倘若諮商師聞到濃重的菸味，或許是當事人有抽菸習慣或是剛抽過菸，而長年抽菸者身上散發出的味道也有所不同。若當事人吸毒或嗑藥，空氣中也會瀰漫著一些味道（如甜味）。有些當事人身上發出的氣味，也與其清潔度、個人衛生習慣或目前處境有關係。

當事人的精神或活力指數，通常也能直接以肉眼觀察到，像是有心臟問題者，臉頰會出現不尋常的粉紅色，這些都是給諮商師一些可以提問與了解的線索。

對於非語言行為的觀察，還要特別注意文化或性別因素，像中國人或男性不善於在他人面前表露脆弱情緒，或是肢體表現有不同含意。

此外，還需要注意當事人的文化背景與脈絡，有時候文化不同，同樣的身體語言可能表示不同的意義。像是臺灣人以食指彎曲表示死亡，印度人卻常以此手勢來表示注意；臺灣人是以點頭表示「肯定」之意，但有些文化則是以搖頭表示。人與人之間的身體距離，歐美人士較靠近，東方人士則較會保持距離；歐美人士認為尊重對方則應該要有目光接觸，但是我們的傳統文化則是不敢直接以眼光接觸來表示尊敬。

因此，不要以治療師本身的文化為唯一指標來解讀，有時可以描述行為，請當事人說明。

（三）覺察有無危機處理之必要

當事人的精神狀況如何？是不是穿著適宜的衣物？有沒有明顯的傷痕？這些都可能是需要進一步探問的危機徵象。新手諮商師對於當事人可能面臨的危機較無敏銳度，這也與同理能力及經驗值有關。若治療師設身處地站在當事人立場，通常會感受到當事人可能思考過結束生命或傷害他人，因此就需要直接詢問當事人，也做必要的處置。此外，像當事人自行用藥，或有酗酒、嗑藥問題，都極有可能會因此而意外死亡，這些都需要注意或諮詢資深治療師。危機處理會在第 5 章詳述。

諮商師可以做的觀察（**Hackney & Cormier, 2009, p.47**）

注意當事人的語言與非語言模式。

注意到當事人整體的焦慮或不舒服的狀態。

注意聆聽當事人如何架構或提及自己的問題（如輕視或誇大）。

了解當事人的一些文化背景。

注意當事人的有些手勢或行動，可能意謂著情緒或身體的失功能。

 助人工作者的共同特性
（**Hill, 2009/2013, p.14**）

- 對曖昧情況的忍受力較高
- 小心
- 同理傾聽
- 不帶評價
- 鼓勵說出想法與感覺
- 幫助他人對其問題獲得新觀點
- 促使他人採取行動，以改善生活。

 助人工作的效能
（**Hill, 2009/2013, pp.5-7**）

1、催化有情緒傷痛的人釋放情緒，並提供支持。

2、透過助人歷程，當事人可獲得洞察，如以新的方式了解自我。

3、協助當事人處理存在議題，如我是誰、要去哪裡、從生命中獲得什麼。

4、讓當事人學習到有效的生活技能，並發揮潛能。

5、協助當事人為人生方向做決定。

6、對當事人與他人的互動方式給予回饋（這或許是別人不敢對當事人說的）。

7、讓當事人經驗一種與他人之間的健康、無傷害性的親密關係，也可提供當事人矯正性（修正過去的不良互動）經驗，重新與他人建立健康關係。

8、教導當事人發揮其功能，並可獨立自主。

3-5 專注與主動傾聽

助人最重要的工作是「傾聽」，這也是很重要的先備能力。「傾聽」與一般隨意聽聽不同，而是需要投注莫大的體力與專注力，因此需要練習。「傾聽」是建立關係，以及與當事人做真實接觸的最核心要素（Ivey & Ivey, 2008, p.41）。

在當事人感受到被聽見時，他／她就會覺得被認可了，同時也感受到諮商師的尊重，接著就會願意陳述自己關切的議題或困擾，因此，諮商入門第一招就是「專注傾聽」，而其他的技巧也會慢慢上手。

一、專注姿勢

傾聽時，要先注意自己的身體姿勢，因為這會傳達給當事人最明確、清楚的訊息——諮商師有沒有在聽？

當我們聚精會神、專注聆聽時，身體所表現出來的姿勢通常是：眼神專注在說話人身上（但不是緊盯對方不放）、身體呈開放狀態（也就是雙臂自然下垂或放置，不會環抱在胸前，腿不交叉或蹺二郎腿），表情會隨著當事人所敘述的自然呈現，也會有適當的口語因應（如「嗯」、「啊」、「是喔」、「這樣子」等），眼神與當事人做適當接觸及交流，同時會及時提問。

倘若諮商師分神了，或是在思考接下來該說什麼，也會在眼神與姿態上表現出來，當事人當然會察覺，認為諮商師對其經驗不感興趣，就不會繼續投入。太少或太多的眼神接觸，都可能讓當事人不舒服，此外也要注意文化上的習慣，像西方人與他人交談時眼神接觸較多，東方人基於禮貌則較少，有些文化會躲避眼神接觸（可能有尊卑或權力的意味），還有，東歐、俄羅斯等國對於「點頭」是表示「不同意」或「否認」，也需要注意。

此外，不同文化對於舒適的人際距離也有差異，可能因為性別（女性之間彼此較靠近）、個性（內向個性者比外向者需要較遠距離）、年齡（孩子與年輕人彼此的距離較近）、談論主題（較為禁忌的話題距離較遠）或彼此關係（親疏）而有不同（Hargie, Dickson, &Tourish, 2004, cited in Ivey & Ivey, 2008, p.51）。相對地，諮商師所呈現出來的身體姿勢與語言，也表露出自己的個性與狀況，諮商師自己也要留意。

二、把舞臺讓給當事人

「傾聽」不容易，卻是一項可以養成的能力。我們一般人會「聽」，可是不一定會「聽進去」，因為通常會有妨礙傾聽的因素存在，像是急著要將自己想說的說出來、對對方有誤解或偏見、心裡有事、擔心對方搶話等。因此，諮商師最重要的是要忍住自己的衝動，多些耐性，把舞臺讓給當事人，全神貫注在當事人身上，但不要讓當事人有焦慮。

諮商師應展現真實的自我、不要偽裝，隨著當事人述說的故事，有自然的表情、手勢或口語的因應，眼神放鬆地在當事人的肩部附近移動、偶而有接觸。

專注傾聽的要素 3V＋B（Ivey & Ivey, 2008, p.42）

Visual contact（眼神接觸）	看著當事人。
Vocal qualities（聲音質量）	說話的方式、語調與頻率。
Verbal tracking（語言追蹤）	追蹤當事人所說的故事。
Body language（身體語言）	做自己，表現真誠、有興趣的專注姿勢，也運用鼓勵的手勢或語調。

 專注傾聽的表現
（Egan, 1998, cited in 王文秀、田秀蘭、廖鳳池，2011, p.180）

S（squarely position）	面對當事人，通常是與當事人約九十度的方向。
O（open posture）	開放的姿勢。
L（Lean toward）	身體稍向前傾。
E（eye contact casually）	偶而的眼神接觸。
R（relaxed）	放鬆的姿勢。

3-6 **專注與主動傾聽（續）**

三、怎麼聽當事人的故事

當事人會來見諮商師，往往是因為生命中碰到瓶頸或困難，且通常來見諮商師是最後一招，也會擔心若諮商師不理解他／她的情況時該如何。

因此，在初次與當事人聯絡時（有時是以電話或網路信件），諮商師就可以表現出鼓勵與樂觀的態度。鼓勵或是嘉許當事人的勇氣、願意求助，同時也認可當事人在之前為解決問題而做的努力；樂觀態度是表現出問題解決是有希望的，也要讓初次尋求諮商協助者了解諮商過程與功效。

倘若當事人是以網路方式求助，通常諮商師會說服當事人去找尋「面對面」的協助方式，因為諮商在「面對面」的情況下，較容易了解當事人、提供必要的協助（尤其是在當事人面臨危機時），也可以對當事人的情況有較周全、全面的了解與掌握，而不是文字上隔著一層的情況。

諮商師在面對當事人時，可能是在「初次晤談」的時候，但有些機構的「初次晤談」是由不同的諮商師進行。諮商師可以利用這樣的機會，了解當事人要來談的關注議題（concerned issues）之優先次序如何，若是諮商次數有限，就與當事人決定要先解決哪一個議題。若意

識到當事人或他人可能有生命或傷害的危險，就需要優先處理。

當事人若有緊張或焦慮，諮商師不妨也說說自己的緊張與焦慮，或是安撫當事人的焦慮與緊張是「正常的」，要當事人「準備好了，就可以開始」。

有些是「非自願當事人」（由他人轉介或強迫而來），其抗拒情況可能會比一般自願型當事人要來得高，不要以強留或命令的方式對待，而是讓當事人有選擇的機會，比如說：「老師會請你／妳來這裡，是希望可以對你／妳有幫助，讓你／妳的學校生活更快樂，你／妳不需要在這裡停留一整節課的時間，我們來約定一下好不好？因為讓你／妳立刻回教室，老師問我發生了什麼事，我沒辦法回答，老師也許又會叫你／妳再來一次，這樣很麻煩，我們就談個幾分鐘，讓你／妳和我都可以交代，怎麼樣？」

許多當事人在生活中找不到一個會專心一致聽他／她說話的人，諮商師正好可以提供這樣的一個機會與舞臺，讓當事人暢所欲言。諮商師所表現出來的「願意聽」、「有興趣」，甚至是「不知」（not knowing）的態度，可讓當事人引導話題、詳細述說。只要諮商師願意聽、專心聽，那麼就能自然地提出適當的問題。

小博士解說

治療師的傾聽需要經過長久且刻意的練習，才會成為一項基本能力。先從與自己最親密的重要他人那裡入手，願意花時間與心力去聆聽、也聽見，同時讓自己的耐心與挫折忍受度增加，也能更同理不同立場的人。

傾聽時的注意事項

1、不要問太多問題，讓當事人做主角。

2、專注傾聽時，要先去除環境中可能有的障礙（包括電話或是噪音的干擾）。

3、專注傾聽時，不要去想待會兒要問什麼、當事人為什麼會講這些，而是順著當事人所說的話進入狀況。

4、傾聽是因為真心地想要了解當事人，這樣的態度很重要。

5、傾聽時，不是只注重口語的訊息而已，還要注意觀察「非語言訊息」，如肢體、姿勢、表情、眼神等，會讓諮商師的資訊蒐集更周全。

6、如果諮商師專注傾聽，就會在適當的時間提出適當的問題。

7、當事人只有在認為諮商師理解之後，才會把諮商師所說的話給聽進去。

8、不要怕沉默，沉默在諮商中有不同的意義。有些諮商師很怕尷尬或沉默，結果就說了太多話，會讓當事人很疲憊。

 無效的傾聽

假裝聽　表面上看似專心，但是沒有用心。

自戀式傾聽　總是將話題轉到自己身上，聽別人說話只是過渡，想要趕快輪到自己說話。

選擇性傾聽　只選擇自己有興趣的部分做反應，其他則忽略。

隔絕性傾聽　擺明了根本就不想聽，連肢體動作表現出來的也是如此。

防衛性傾聽　以為他人所說的話，都是要攻擊或批判自己，也就是帶著偏見在聽。

魯鈍傾聽　只接收到表面意義，沒有去思考深一層的含意。

埋伏性傾聽　像間諜一樣偵測對方，想要聽到「弦外之音」。

+ 知識補充站

當事人對於諮商的反應會受到以下因素的影響：1. 當事人的需求。2. 治療關係。3. 對諮商師助人意圖的假設（Hill, 2009/2013, pp.46-47）。

3-7 **傾聽時的注意事項**

一、不能忍受沉默

新手諮商師較不能忍受沉默，會急著填補空白、擔心當事人對自己的看法，或是怕當事人無聊或焦慮。然而，沉默在諮商中有其功能，也可以讓諮商師思考沉默所代表的意義。諮商師若不能忍受空白或沉默，往往會說太多不必要的話、問過多的問題，反而會引起當事人的焦慮或反感。有時候只是暫停十幾秒，也有不錯的效果。

二、急著回應或提問

新手諮商師在聆聽當事人說話時，常常會受到許多干擾，特別是「負向的自我對話」（Hill, 2009/2013, p.111），像是擔心自己表現不佳、腦中想著一些待問的問題，這些都會影響諮商師的專注與傾聽品質。

有些諮商師認為自己若不做回應，會影響到當事人對諮商師的看法，因此就常常出現不夠成熟的回應，這樣反而適得其反，讓當事人認為諮商師是沒有經驗與不穩定的。

諮商師最常做的回應就是提問，然而一連串的問題轟炸，常常堵住當事人的嘴，使其不願意繼續說，而諮商師卻因此以更多的問題（特別是封閉性問題）詢問當事人，造成惡性循環。

三、急於自我揭露

有些諮商師擔心當事人不喜歡自己，或是將治療關係誤以為朋友關係，而太早做自我揭露、與當事人分享，這些動機都無助於諮商效果與目標，反而可能曝露了自己的無效能或焦慮。

四、沒有覺察或處理當事人的非語言訊息及脈絡

諮商師將全副心力放在當事人的言語所表達的內容上，卻沒有將其他非語言相關訊息列入考量，像是當事人在述說悲慘過去時，沒有使用情緒字眼，也較少情緒表現，可能意謂著當事人以極大的防衛在抗拒創傷記憶，或是與情緒經驗脫節。

有時候，諮商師對於當事人出現的巨大情緒（如哭泣）不敢處理，甚至刻意忽略或淡化，也可能讓當事人以為諮商師是不贊同或不了解當事人的。

五、急著要協助當事人

諮商師太急切要幫助當事人，在還沒聽完故事始末時，腦中就轉著一些解決方式，所以也不會真正花心思去聆聽，甚至會給錯建議，而當事人也會覺得自己沒有被聽見與尊重，當然不會相信治療師。諮商師希望對當事人「有用」，與其常常給建議，倒不如好好花時間傾聽，陪伴當事人，讓當事人有機會整理自己的想法與思緒，或許他／她就會有洞察及新發現。

諮商師若急著想助人，或許也有個人議題（如不安全感或急於助人）在其中，需要做反思與覺察，不要讓個人議題橫阻在與當事人的關係前面。當然，有些當事人可能就是想要答案，便是可以採取行動的時候（Hill, 2009/2013, p.174），那麼就好好與當事人商議可以採行的方式或策略。

諮商師做自我揭露的功能

讓諮商氣氛夠開放

協助當事人發展諮商目標與行動的新觀點

展現諮商師的敏銳與溫暖

讓當事人更願意表露情緒

縮短諮商師和當事人之間的距離

增進當事人自我揭露的程度

讓當事人改變其對自己行為的看法

 沉默的功效與意義
（Hackney & Cormier, 2009, p.26; Hill, 2009/2013, pp.103-104）

沉默的功效

★給予當事人去思考或整合新發現的領悟與覺察之機會。

★可以是一個邀請，讓當事人繼續討論或探索。

★可以提醒當事人在治療關係中負起責任的重要性。

★可以鼓勵當事人聚焦在自我探索上。

沉默可以表達的意義

★同理、溫暖與尊重。

★允許當事人有思考或反應的時間與空間。

★表示諮商師是有耐心、不焦躁的。

★挑戰當事人，讓其對所說的話負責。

★可以鼓勵自由聯想（通常用在精神分析學派）。

★諮商師不知該說些什麼、焦慮、生氣或無聊時。

★沉默意義隨文化不同而有差異。

3-8 傾聽時的注意事項（續）

六、急著評估或下診斷

若諮商師會去評估當事人的價值觀，企圖想知會當事人或糾正其想法，也會妨礙其傾聽。有些醫療診所或保險公司需要申請醫療補助或費用，會要求諮商師蒐集當事人相關資訊、下必要的診斷，或是諮商師本身較相信診斷在諮商過程中的功能，因此在未做全盤了解之前就急著下診斷，也可能阻礙了傾聽過程。

當諮商師的意念都放在搜尋給當事人的診斷時，常常就不會仔細聽當事人的陳述，甚至誤診當事人的情況，當然就會影響接下來的處置動作。

七、念頭停留在自己身上

諮商師擔心自己是否能協助當事人解決問題，或是擔心當事人對自己的評價，想著接下來要接什麼話等，腦中轉著的都是這些念頭，自然而然影響其傾聽能力。專注動作雖然是傾聽的第一要素，但也容易被當事人識破。

學者 Paul Pedersen（1988, p.123）曾經創發了一種「三人模式」（the triad model）的練習，提到在諮商現場通常是諮商師（及其天使與惡魔）與當事人（及其天使與惡魔）同時出現的場域，但事實上，是諮商師與當事人、諮商師內在自我對話及當事人內在自我對話的情況。所謂的

「天使」與「惡魔」，就是諮商師與當事人內在的評估與對話，正向的是天使（如「這位當事人很合作」或「這個諮商師不壞」）、負向的是惡魔（如「我沒見過這麼麻煩的當事人」或「這位諮商師懂不懂我說的啊」），因此諮商師要練習將這些聲音都去除，不要讓它們影響自己在諮商過程中的工作。

八、克服傾聽阻礙的方式

諮商師用來克服傾聽阻礙的方式有許多種，可以在進入諮商室前先做深呼吸等放鬆動作，聚焦在當事人身上（即便有時閃神，還要把鏡頭拉回來），多觀察典範諮商師的臨床情況，想像自己在不同情境的情況與感受，利用角色扮演某些特定助人技巧，或是在生活中演練技巧，以及做正向的自我對話（Hill, 2009/2013, pp.177-178）。

我認為諮商師在受訓期間，就應該開始將所學運用在自己的日常生活中，包括傾聽與同理的練習，先用在與自己關係親密的人身上，看看對方的回應或效果如何，經由這樣的正向回饋，才會相信傾聽與同理的效用，並進而慢慢將它們變成自己的能力之一，隨時可以拿出來用，甚至用而不自覺。

小博士解說

自我揭露的目的是：1. 希望可以提供當事人新的觀點；2. 示範有效的技巧；3. 平等或人性化治療關係；4. 將當事人困擾「正常化」；5. 給予當事人鼓勵或保證。（Nelson-Jones, 2005, p.162）

處理沉默的方式

1、不必急著打破沉默。

2、諮商師思考此次沉默的意涵為何。

3、觀察當事人對此沉默的反應。

4、若當事人是因為陷在情緒當中而出現的沉默，告訴當事人：「沒關係，等你準備好，我們才開始。」

5、諮商師要注意自己的身體及表情，不要有焦躁的反應。

6、等這段沉默過去（如三分鐘至五分鐘），可以詢問當事人，沉默時在想什麼？願不願意分享？

7、等這段沉默過去，諮商師可以分享自己在這段時間內的觀察。

8、等這段沉默過去，諮商師可以分享自己在這段時間的感受與想法，然後接續方才的晤談。

 Paul Pedersen的三人模式

+ 知識補充站

　　可以安排類似 Paul Pedersen 的「三人模式」練習，兩位同學扮演諮商師與當事人，另外四位分別站在諮商師與當事人兩側，扮演「天使」與「魔鬼」。諮商師與當事人進行晤談的同時，也讓天使與魔鬼們說出自己心裡所想的，或是在諮商師與當事人談過一段話後，分別讓扮演天使與魔鬼者說話，可以讓諮商師與當事人清楚彼此內在的動力情況。

3-9 **諮商師的反應技巧**

一、最低限度的反應

諮商師在聆聽當事人述說自己的故事或問題時，需要做一些反應，以免當事人認為諮商師沒有在聽。有些諮商師較被動，不會經常表現出行為，有些甚至久久才出聲，就容易讓當事人誤解，以為治療師沒有認真聽；或是不將當事人的問題視為問題，也很容易讓當事人不再出現，因此有所謂的「最低限度的反應」需要做出來，像是眼神接觸、點頭、微笑（表情）、手勢，或「嗯」、「啊」等前語言，主要是表示「我在聽」，有時還可以給予輕微的鼓勵。

最低限度的反應通常是諮商師最容易做到的，也是最自然的反應，在適當時機做出適當的反應，就傳達了諮商師的真誠與用心。

二、重述語句

將當事人方才所敘述的內容做簡單重述，同時使用諮商師自己的語言，倘若只是將當事人所說的像鸚鵡學話一樣重複，一、兩句還好，但若總是如此，不免會讓當事人覺得治療師只是重複他／她所說的而已，或許並不是真的了解。就如同一般家長常常吩咐一些事情給孩子，問孩子知不知道，孩子就將方才父母所說的重複一遍，卻沒有聽進心裡面一樣。

因此，這裡特別強調諮商師必須要使用自己的話，把剛才聽到的內容透過自己的語言，再說出來讓當事人聽到。雖然經過治療師自己的轉譯，但可傳達給當事人兩個訊息：一是治療師「聽到」了，二是當事人可以檢視自己所說的內容是否被諮商師所了解。

「語句重述」的技巧可以表達諮商師的同理，主要有四個步驟（Hackney & Cormier, 2009, p.77）：（一）回想當事人所說的；（二）確認重要內容；（三）重述重要關鍵詞或建構；（四）檢視當事人的感受。

探索當事人想法時運用重述技巧，可以讓當事人：聽見自己的想法，開始理解自己的反應，深入思考自己所關切的議題，也提供當事人討論問題的不同面向之機會（Hill, 2009/2013, p.118）。許多時候，諮商師做了重述動作之後，當事人對於自己的想法會更清楚，甚至會有了解決問題的方式。

三、摘要

「摘要」也是重述的一種形式。通常當事人會將事情始末做陳述，內容可能很紛雜，諮商師可將其重點做摘要，並陳述給當事人聽，也為當事人做統整、組織的動作，除了讓當事人確認內容無誤或無疏漏之外，也協助當事人將敘述事件做提綱挈領的簡要說明，並表示諮商師是用心聆聽的。

不管是重述語句或摘要，都能讓當事人體會到諮商師用心傾聽的努力，有被認可與接納的感受，這也是建立治療關係最重要的元素。

重述的功能與使用技巧（Hill, 2009/2013, pp.119-125）

重述的功能

- ★協助當事人探索與說故事。
- ★諮商師不批判地「鏡映」（mirror)當事人所說的內容。
- ★讓當事人有機會從他人的角度看事情。
- ★當事人可聽見自己所述內容的重點，並做深入思考或探索未曾思考的面向。
- ★讓當事人有機會澄清自己所說的是否正確地被諮商師所接收。
- ★適用於認知導向之當事人。

使用重述技巧的注意事項

- ★不僅是重述當事人已經知道的，同時讓當事人發現問題。
- ★選擇重要線索做重述，而不是毫無選擇或做全部內容之重述。
- ★使用當事人中心的態度，不批判。
- ★重點要放在當事人身上。
- ★要讓當事人有機會對諮商師所說的可能錯誤做澄清。
- ★使用不同方式之重述，盡量讓重述簡短。
- ★重述之功能是協助當事人探索與說故事，焦點是在當事人身上。

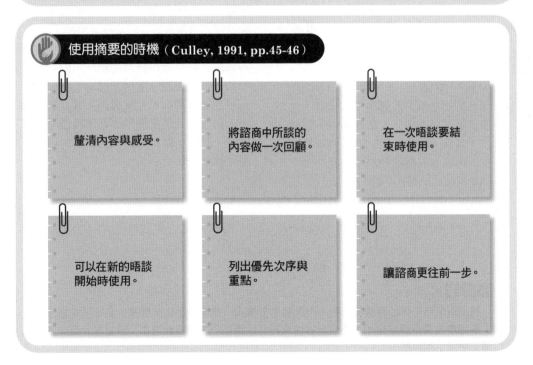

使用摘要的時機（Culley, 1991, pp.45-46）

釐清內容與感受。

將諮商中所談的內容做一次回顧。

在一次晤談要結束時使用。

可以在新的晤談開始時使用。

列出優先次序與重點。

讓諮商更往前一步。

3-10 諮商師的反應技巧（續一）

四、情感反映

情感反映就是將對當事人外表的觀察（肢體、動作、表情、說話情況等），以及語言所表達的內容中所展現的情緒，說出來讓當事人知道，而這也是最粗淺的同理心。

當事人可能搓揉雙手（焦慮或緊張）、握拳（憤怒）、言詞頓挫（表達困難或不知如何說明）、遲疑（擔心）、表情僵硬（害怕或恐懼），這些訊息都可以讓諮商師觀察當事人的情緒是如何，並以「你／妳似乎有點緊張或害怕？」之類的提問，反映給當事人知道，這算是「初層次同理」。

如果能站在當事人立場去體會其感受、思考其思考，甚至因此而採取的行動，才算是「深度同理」，也就是將自己設想在當事人的位置與遭遇，去想像自己可能有的感受與思維，然後表達出來讓當事人聽到。

五、釐清

有時候當事人表達得不夠清楚，或是諮商師可能會錯意，就需要用「釐清」或「澄清」的技巧，像是：「我有點糊塗了，剛剛你／妳提到的是多年的好友，怎麼現在說的是你／妳的兄弟？」（內容的澄清），或是：「聽了你／妳在情感上被背叛的故事，你／妳應該覺得很氣憤，可是你／妳似乎沒有這樣的情緒。」（情緒與內容的澄清），偶而也會有當事人的用詞與諮商師一樣，但是要表達的卻不同，像是：「什麼是你要的（未來）？」而當事人回答：「我要受到尊重。」因此可做澄清的動作。

六、解釋

治療師所述說的內容可能引起當事人的困惑時，就必須做解釋的動作。「解釋」也可以是深度的「詮釋」，也就是蒐集足夠的資料之後所做的「暫時性」解釋，像是與當事人幾次晤談之後，可以說：「聽起來你／妳是一個很逞強的人，即便知道自己需要求助了，卻還是放不下身段。」因為是「暫時性」的解釋，因此可以由當事人自己去認可或否定。

一般情況下，諮商師在探索與蒐集資料階段，較少使用解釋的技巧，因為治療關係尚未穩固，而所知道的又太少，若是妄加解釋，可能犯錯誤，甚至讓當事人認為諮商師很躁動，在未搞清楚之前就下論斷，就不會信任治療師，也會提早結束治療。

小博士解說

諮商師當然可以給建議或忠告，但是除非當事人「要求」這樣的服務，要不然在還沒有了解當事人情況的前提下，任何建設性或良好建議都不太可能被遵循，也會讓諮商師和當事人增加了挫折感。

情感反映的三步驟（Ivey & Ivey, 2008, p.78）

 認出當事人的感受或語調　　了解當事人的情緒，是打開心房的第一道鎖。

 選擇適當詞句來形容那些感受　　將當事人內在的感受，用對方了解的適當詞語說出來。

將你的覺察與感受，反映給當事人聽見　　站在當事人立場，貼近當事人的內心感受，要讓當事人知道諮商師聽到了而且了解。

同理心三步驟

 Step 1　事實陳述（A）　　當事人說：「我那天莫名其妙就被老師處罰，其實也不是我的錯，我只是經過而已，老師就以為是我把同學的作業弄到地上。」

 Step 2　情感反映（B）　　當事人說話很大聲，還比手畫腳，表情有點難過與生氣。

 Step 3　同理心（A＋B＝C）　　或是「摘要＋情感反映＝同理心」。這裡的「情感反映」包含**初層次**與**深度**的情感反映。
諮商師說：「你說自己被老師誤會、**莫名其妙**受到懲罰，你很**生氣**、覺得**無辜**，但對方是老師，又不能對他怎樣（**無奈**）。」

3-11 諮商師的反應技巧（續二）

七、提問

在探索階段，最重要的是蒐集當事人與其關切議題的相關資訊，而最簡單的方法就是提問，但是該如何提問或是問怎樣的問題，甚至是怎麼問才能讓當事人願意說出或詳述，也是非常重要的技巧。

諮商師不要將諮商過程變成「拷問」，或是以一連串的問題來「轟炸」當事人，許多當事人會因此而卻步，尤其是面對年紀較小的當事人或青少年，治療師若總是提問，當事人很容易回以「不知道」或是沉默以對，就會讓諮商師感到非常挫敗。

一般說來，不太鼓勵諮商師提問，尤其是一些封閉性問題，如對方只能回答「是」或「不是」，及「有」或「沒有」。然而，在緊急情況時，諮商師還是有必要問封閉性問題，如「你想過要傷害自己嗎？」

除了諮商師意識到當事人可能處於危險情況之外，最好多使用「開放性」問句。只能有「是」或「否」的答案，會讓當事人無法選擇，只好隨便選一個，而且這樣的回應很膚淺，也得不到重要資料。

提問時所用的詞語，需要考量當事人的發展或教育程度，有時候用詞太艱深，當事人在不了解的情況下，也會隨便回答。另外，最好不要問「雙重否定」的句子，容易讓當事人摸不著頭緒，如：「不要因為你不是小孩而忽略你」；或是「複雜句」，一句話裡有太多東西要回應，如：「萬一不如你預期的情況發生時，你是怎麼想的？該怎麼辦？會不會擔心？」

有時候，當事人不知道該如何表達，可以請其用隱喻方式，像是不知如何形容與女友之間的問題，諮商師可以請其打比方：「你們之間的關係像什麼？」當事人說：「就像兩個人去森林，突然間她放開我的手，自己跑去附近的小徑上了。」諮商師就可以依據這樣的隱喻去做猜測與描述。即使是使用開放性問題，其焦點仍應該在當事人身上（Hill. 2009/2013, p.128），不要轉到其他人或諮商師身上。

八、同理心技巧

要達成「正確的同理」並不容易，這也是諮商師需要努力的方向。我們一般在聽他人說話時，往往是用身體語言或一些口語語助詞（如嗯、啊、唉等）來表示我們在聽或了解的反應，較少以自己的語言將所聽到的感受與想法說出來，因此同理心可以是前面一些技巧的組織與統合，只是其情感反映部分是前文「四、情感反映」所述的初層次與深度情感反映。

運用同理心技巧，就如同演員進入劇中人物的靈魂裡，彷彿自己就是那位主角。然而，只是體會當事人的感受或想法還不夠，治療師會進一步將其表現或表達出來。在接受諮商師訓練時，或許教師會將同理心分為 57 頁的「同理心三步驟」，然而這只是為了訓練之用，實際上是整合在一起的，即在表達同理時，會將所聽到的故事「以自己的語言」做「扼要摘錄」，並隨著故事或事件發展，將當事人的情緒很自然地穿插其中並描述出來。

 問題的種類

閉鎖性問題	有選項的答案（如對或錯、是或不是），在蒐集資料或做量表填答時可以運用，或是做危機處理時很必要，然而也容易侷限當事人的回應，無法周全或深入。
開放性問題	可以用來探索進一步的原因、當事人的想法，一般情況下比較傾向以這種方式提問，但是也可能得到意外的答案，如「不知道」。
具體問題	不要用抽象或模糊的方式提問，而是以具象、可觀察或評估的方式，像是「如果十是非常緊張，零是不緊張，你給自己現在的分數是多少？」
隱喻或打比方的問題	有時候可以用隱喻或比方的方式，讓當事人做模糊投射，接著可有許多的解釋與討論。
問5W的問題	是什麼（What）、在哪裡（Where）、是誰（Who）、何時（When）與如何（How）。

 提問的注意事項

1、用詞簡潔，不要一下子問太多問題。
2、問開放性問題。
3、問具體的問題。
4、可以用比喻或打比方的方式。
5、可以使用手偶或演戲／角色扮演的方式。
6、可以藉由繪本、電影或其他適當媒材。
7、適當使用挑戰或面質。
8、運用「語句完成」或畫圖的方式，同樣可以達到提問的效果。
9、少問「為什麼」。

開放式問句的目的（Hill, 2009/2013, p.126）

- 澄清或聚焦之用。
- 讓當事人探索問題的多個面向。
- 可澄清當事人之想法。
- 引導當事人思考新事物。
- 協助當事人將衝突之想法或感受，理出頭緒。
- 適當使用隱喻。
- 為無法清楚說明之當事人，提供架構。
- 在當事人不知道要說什麼時，提供方向。
- 表現諮商師跟得上當事人。
- 讓當事人覺得諮商師有興趣要了解他／她，鼓勵他／她繼續說下去。

3-12 **諮商師的反應技巧（續三）**

九、自我揭露

「自我揭露」就是坦誠說出自己的感受與想法，其主要的功能有：（一）讓當事人了解諮商師是人，也經歷過與他／她相似的人類困境，讓當事人感覺被了解。（二）可以減少治療師的神祕感，減少不切實際的移情現象。

我們在生活中使用自我揭露，是希望對方更了解自己、與自己更靠近，而自己也不需要隱藏，可以更真實地呈現，這是親密關係的要素。

基本上，在諮商過程中，當事人是主角，因此諮商師的主要工作是聽當事人說，有時問必要的問題，偶而也會說些自己的事。諮商師的自我揭露是要向當事人展示真實、坦誠與人性化，讓當事人知道過來人的掙扎與感受，或有助於其處理目前遭遇的困境，也會讓當事人覺得與諮商師更靠近，可促進諮商關係，而「立即性」也是自我揭露的一種（Kottler & Kottler, 2007/2011, pp.70-71）。

諮商師可能稍不留意，就帶著私人的動機，如急著同理當事人的經驗、想要表達自己與當事人類似，或怕當事人焦慮等，而做自我揭露，但這麼做是濫用自我揭露，因此治療師要仔細評估與檢視自己為何做自我揭露。

諮商師特別要留意自我揭露的目的及時間。諮商師揭露自我的相關經驗或資訊，主要是同理當事人、讓當事人覺得自己的處境不獨特或不孤單，也以諮商師的成功經驗為範例，鼓勵其努力或賦予希望感，但要注意不要轉移焦點或剝奪當事人的權益，因為諮商場域的主角是當事人。

十、回饋

「回饋」（feedback）是展現諮商合作與開放的重要技巧，治療師可以聚焦在工作上，努力協助當事人達成其需求。「回饋」讓當事人了解諮商師在晤談過程中的觀察（如當事人身體姿勢、表情、特色或挑戰）與當事人進步的情況，協助當事人自我認識、增進自我效能的感受。「回饋」的主要目的，是呈現給當事人知道諮商師相信其所思、所感或所行，以及重要他人如何看他們，與重要他人可能受到的影響。

諮商師給予回饋時，需要注意：讓當事人決定對回饋的反應，回饋聚焦在當事人的優勢或可以改變的行為上，回饋要具體、簡潔、具描述性、不批判，也要與當事人互動（Hill, 2009/2013, p.305; Ivey & Ivey, 2008, pp.190-191）。回饋時，需要注意正、負向回饋的平衡，通常先給予正向的回饋，再給予負向的回饋，如此一來，當事人比較願意接受負面的回饋。回饋是治療師的觀察所得，可以藉此與當事人做更多互動與對話，而不是以諮商師所給的回饋為唯一真實。

十一、資訊提供

有時候提供給當事人做判斷或決定所需的適當資訊是有效的，況且現在網路訊息發達，當事人可能接收並相信了一些不正確的資訊，這時就需要教育當事人。諮商師必須先知道當事人已經知道了哪些資訊，也需要檢視自己提供資訊的動機為何，切記不要一下子給太多資訊，可能會讓當事人更不清楚或無所適從。

給予回饋的注意事項（Hill, 2009/2013, pp.306-307）

時間點要拿捏適當，最好是在行為發生前。

以敘述性語氣陳述，而非批判。

在說缺點之前先說優點。

做回饋時要有更多的同理與支持。

提供對當事人行為的觀察。

針對當事人可改變的事項做回饋。

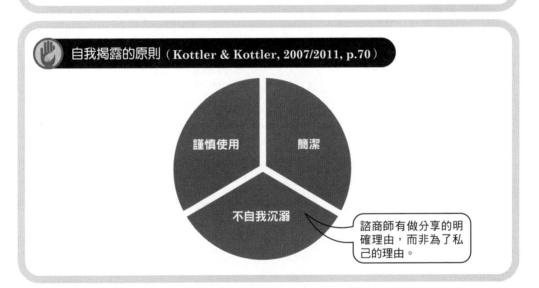

自我揭露的原則（Kottler & Kottler, 2007/2011, p.70）

謹慎使用

簡潔

不自我沉溺

諮商師有做分享的明確理由，而非為了私己的理由。

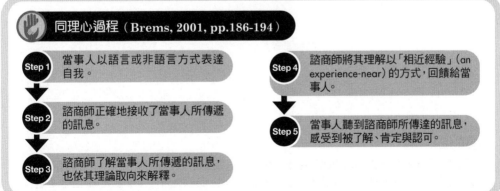

同理心過程（Brems, 2001, pp.186-194）

Step 1 當事人以語言或非語言方式表達自我。

Step 2 諮商師正確地接收了當事人所傳遞的訊息。

Step 3 諮商師了解當事人所傳遞的訊息，也依其理論取向來解釋。

Step 4 諮商師將其理解以「相近經驗」（an experience-near）的方式，回饋給當事人。

Step 5 當事人聽到諮商師所傳達的訊息，感受到被了解、肯定與認可。

3-13 **當事人的防衛及抗拒行為**

當事人的防衛

適當的防衛機制（defense mechanism）可以用扭曲、否認或誤解事實的方式，讓我們減少焦慮，基本上具有保護功能。然而若是只固定使用其中幾招或過度使用，則會產生許多問題。

過度運用防衛機制，自己將會付出代價，像是主觀的真實與外在的真實不一致時，有時很難繼續偽裝或扭曲下去。其次，個體可能發展出僵硬的知覺模式，用來抵制現實，以及「真我」與「理想我」間的不一致，造成嚴重適應不良（Hill, 2009/2013, p.81）。

一般人當然不願意向陌生人吐露自己的弱點或不堪之處，因為這樣有損自尊，也會擔心自己被他人視為無能。因此，當事人出現在諮商師面前時，其實已經經過許多掙扎與考量，才願意走上這一步，當事人自然希望這樣的求助動作會改善其現況。從這個現象看來，當事人有所防衛或抗拒是正常的。

如何因應當事人的抗拒行為

諮商過程中，不免會遭遇當事人的抗拒。要在陌生專家面前，敘述自己不堪或受挫的經驗並不容易，而當事人因為不信任或是尚未與治療師建立關係，其抗拒是自然的。因此，諮商師將當事人的抗拒視為諮商過程中自然的一部分，也許就是很好的一步。

一些當事人有過創傷經驗，即便是自己來求助，也會帶著許多的疑惑與恐懼，諮商師要設法緩解其抗拒，同時獲得當事人的合作意願，就是考驗功力的時候。

精神分析學派最早提出「抗拒」一詞，而其諮商目標也是先「修通」（work through）當事人的抗拒，接下來才可以一窺當事人潛意識底下的許多動力。

當事人為了因應焦慮，常常使用不同的防衛機制，而這些防衛機制若過度使用，常常會造成當事人生活功能上的問題，因此治療師也需要知道當事人可能使用的防衛機制，以及如何因應並增進治療效果的方式。

小博士解說

諮商師不要將當事人的防衛或不合作「個人化」（認為是針對治療師而來），而是接受抗拒或防衛是自然且正常的，去感受與思考當事人的立場，自然就可慢慢學會不同的因應之道。

佛洛伊德的「防衛機制」（Gilliland, et al., 1989, pp.19-20;Jacobs, 2004; Liebert & Liebert,張鳳燕譯，1998/2002, pp.114-124）

防衛機制	功能
壓抑 （repression）	主動地將具威脅性的想法、記憶或感受，驅出意識之外，壓在潛意識裡。像是受性侵害者，將這段記憶壓入潛意識，甚至造成這段記憶的空白。壓抑也可能造成轉形反應（conversion reaction），將心理（或情緒）上的情況轉換成生理上的徵狀。
否認 （denial）	不承認令人痛苦的經驗或記憶，可以讓人暫時遠離現實獲得紓解。像是不願意承認愛子過世的事實，在用餐時依然擺上愛子的碗筷。「否認」是刻意要欺騙自我或諮商師，「否認」與「壓抑」可保護我們不必去面對自己內在的感受與對自己的感受。
轉移 （displacement）	將無法被接受的威脅或衝動，以社會可接受的方式表達出來。像是不敢對老闆發脾氣，就把氣出在配偶身上。
解除 （undoing）	對某一個已經發生的、不能接受的衝動或行為，在事後以象徵性方式因應，似乎就「解除」了那個行為可能帶來的後果。像是自己駕車輾過一隻生物，會說「阿彌陀佛」來解厄。
反向行為 （reaction formation）	為了規避有威脅的衝動，而表現出與該威脅相反的行為，像是害怕某人，卻對某人表現出友善與順從。
退化（regression）	退回到之前發展階段的行為，表現出不適齡（如孩童）的一些行為，像是咬指甲、蜷縮成在母親子宮裡的模樣、發脾氣等。在受重創兒童身上會看到這樣的情景，不願意離家的大學生也類似。
固著（fixation）	當個體的情緒未能從一個發展階段進行到下一個，而產生的情況。一般人都了解成長需要冒一點危險，但是有少數人卻步不前，甚至因為害怕失敗而縮回到之前的發展階段，像是「分離焦慮」就是其中一種，而在受創孩童身上，我們也看見「發展凍結」（frozen，發展停止在當下，不繼續往前進）的情況。
防衛性投射 （defensive projection）	將自己無法接受的衝動或願望歸咎於他人（物）。像是自己很自私，卻告訴他人要慷慨、不可自私。
昇華 （sublimation）	將不被接受、有威脅的衝動，轉變為可以接受的，甚至令人稱羨的。像球賽是攻擊衝動的昇華。
合理化 （rationalization）	當表現出不被接受的行為或具有威脅性的想法時，為自己找「合理」的解釋，如酸葡萄心理即是。「合理化」的基本目標，就是避免我們受到無法控制的情緒之干擾或傷害，因此「隔離」情緒的作法。
防衛認同 （defensive identification）	或稱「內射」（introjection），與「投射」（projection）相反，是將他人的特性納入，藉以減輕自己的焦慮或負面情緒，因此也會「吸收」一些他人的特質。像是自己成績不如人，但是特別與成績好的人當朋友，將原本可能有的敵意轉為「認同」與羨慕。
投射認同 （projective identification）	拒絕對自我有威脅性的特性，然後將之投射給他人，也就是個體先去除自己「不好」的部分，且將這個不好的部分投射在他人身上，甚至進一步施壓給這個「他人」去表現出「不好」的行為，最後造成這個「他人」表現出「不好」的自我來因應壓力，與之前所說的「防衛性投射」有差異。像是不喜歡自己被說「自私」，就將他人的一些行為解釋為「自私」的表現。

第4章
評估或定義問題

學習目標：

　　了解諮商師第一次接觸當事人的「初次晤談」內容與目的，如何形成「個案概念化」，以及為當事人客製化打造的處遇計畫應注意事項，還包含諮商紀錄應該有哪些內容等。

4-1 **評估與初次晤談**

評估

評估（assessment）是在諮商初期很重要的工作項目之一，可協助治療師形成假設，**是一個持續進行的過程**，當問題改變時，也應該隨之彈性調整。

評估是從諮商未進行之前，一直到諮商結束之後都在進行，可分為「正式」與「非正式」評估，或「形成性」與「總結性」評估，也可以從治療師與當事人的角度出發。評估不僅可以協助治療師定義問題向度與決定處遇方式，也可以讓當事人明白諮商方向及其可扮演的功能。

將主訴問題定義清楚，接下來的處置才可以入手，有時當事人對於問題的定義趨向負面（如「別人都不喜歡我」）或模糊（如「我想要更快樂」），因此需要先將問題做具體釐清。

隨著諮商的進展，或許需要重新定義問題或優先次序，都需要諮商師與當事人商討協議。本章會針對諮商歷程中的相關評估作業做介紹，先從初次晤談開始，接下來的個案概念化、處遇計畫的擬定等做介紹。

初次晤談

「初次晤談」是指與當事人第一次的面對面談話。在美國的許多諮商所或心理診所，常常免費提供初次晤談給當事人，主要是吸引可能的顧客進入諮商所，接著就較容易使其成為付費的當事人。

這些心理診所通常會將初次晤談交給新手諮商師做嘗試，不少實習生會因為自信不足，或擔心潛在的當事人對自己的懷疑，而放掉這樣的好機會。其實，諮商實習生不妨鼓起勇氣試試看，畢竟盡量去接觸每一位可能的當事人、了解不同的關切議題，可以磨練自己的經驗與能力，也慢慢長出自信。再者，許多來做初次晤談的當事人，通常不願意將自己的故事再重述一次，在接下來選擇諮商師時，也較有可能選擇已經「認識」的諮商師。

有些機構的初次晤談是由「個案管理師」負責，個案管理師通常有社工背景、懂得做資源的媒合，也可以是諮商師。在了解當事人的訴求或關切議題之後，個案管理師通常會依據該機構心理師的專長來分配個案。倘若當事人想要一位熟悉親密關係議題的、有經驗的女性諮商師，或是了解同志議題且具有社會正義理念的諮商師，個案管理師都可以就目前機構中較符合這些條件的諮商師做篩選。

有些當事人是第一次接受諮商服務，不清楚自己的權利是什麼，也不知道自己有權利選擇適合自己的諮商師，個案管理師也要對當事人做說明。倘若當事人在經過一次或幾次晤談之後，不喜歡自己的諮商師，或認為諮商師的效率不佳，也有權利換諮商師。

有時初次晤談的是一位諮商師（或個案管理師），接下來才將當事人分派給適當的諮商師；有時是諮商師自己進行初次晤談與接下來的治療工作。前者可以讓初次晤談的諮商師熟悉不同當事人與問題，但是實際進行治療的諮商師要從頭去蒐集與了解當事人，較不利於治療關係的建立；後者可以讓治療師及早與當事人建立關係，並蒐集資訊，也可以讓當事人了解諮商進行的方式（Welch & Gonzalez, 1999）。

「評估」對治療關係的助益
（Seligman, 2004, cited in Hackney & Cormier, 2009, pp.98-99）

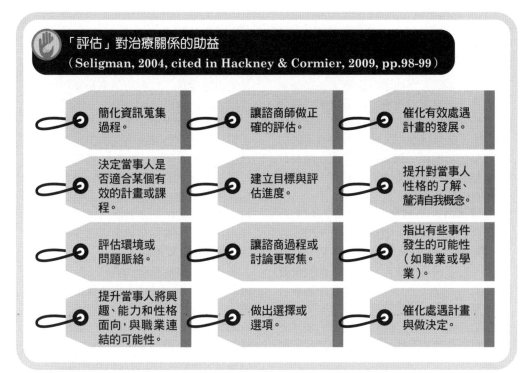

簡化資訊蒐集過程。

讓諮商師做正確的評估。

催化有效處遇計畫的發展。

決定當事人是否適合某個有效的計畫或課程。

建立目標與評估進度。

提升對當事人性格的了解、釐清自我概念。

評估環境或問題脈絡。

讓諮商過程或討論更聚焦。

指出有些事件發生的可能性（如職業或學業）。

提升當事人將興趣、能力和性格面向，與職業連結的可能性。

做出選擇或選項。

催化處遇計畫與做決定。

 當事人不說出重要議題的可能原因（Hill, 2009/2013, p.46）

認為諮商師也無法解決

擔心自己情緒崩潰或失控

覺得羞愧或尷尬

逃避面對問題

擔心諮商師無法理解

＋ 知識補充站

　　諮商理論的功能：1. 解釋人們為何有時過有建設性的生活，有時卻過無建設性的生活。2. 當需要改變時，人們如何改變。（Hackney & Cormier, 2009, p.151）

4-2 初次晤談的內容

初次晤談是指與潛在當事人或諮詢者的第一次真實的接觸。許多機構或諮商師訓練學校,都會要求諮商師在初次晤談時,盡量將當事人的一些背景與問題資料都蒐集好,讓許多新手諮商師誤以為要在第一次與當事人見面時,就完成所有資料的蒐集。

雖然有些心理衛生機構會將初次晤談的時間拉長為一或兩個小時,但是資料蒐集的過程就如同治療關係建立的過程,需要慢慢累積,有時候甚至要做資訊更新,因此不必一次就做完相關資料的蒐集。許多諮商機構也將初次晤談結構化,設計一個「初次晤談表」,讓諮商師可以依據表上的項目,一一詢問與填寫。

初次晤談的內容包含:基本資料(如年齡、性別、職業、地址、教育程度、諮商的緊急性),主訴問題(想要來談的主要問題),個人背景資料(如家庭成員、職業、學業等),健康與醫療史(如曾經或是目前罹患的生理及心理疾病、使用藥物歷史、睡眠情況等),定義個案的問題(當事人主觀對問題的看法、感受與行為,人際關係如何、問題出現頻率與解決方式等),危險因素(當事人是否有危險性,或有使用藥物及酒精)(Whiston, 2005, cited in Hill, p.368)。

倘若諮商師在初次晤談時,發現當事人可能有情緒或其他方面的困擾,也可以用標準化的量表或測驗進行評估。

需要注意的是:在整個諮商過程中,治療師都持續在蒐集與當事人相關的資料,不會僅限於初次晤談而已,而這些陸續蒐集到的資料也會影響諮商師的評估、診斷與處置策略。

初次晤談時所蒐羅的資料,基本上是做最初的診斷與評估,而機構也會將當事人關切的議題做分類,並將案子派給最適當的諮商師來接手處理。此外,若當事人的情況需要團隊合作,或是身心科醫師的檢視,也都會在正式諮商之前,或是與諮商師第一次晤談時完成。

若是在初次晤談時發現當事人有危機,就需要立刻處理,不要延誤時間。倘若當事人會擔心洩密等情況,也需要就諮商倫理部分做解說,最好是讓當事人清楚諮商過程、彼此角色與相關事宜。如右表列出一些簡單的檢核項目,這些都要持續與當事人做檢視,不是做一次就好,否則無法監控其危險狀況。

小博士 解 說

初次晤談就是第一次與當事人見面、聊當事人所關切的議題,前提是當事人知道問題所在而來求助(諮商或諮詢)。雖然在初次晤談裡,「資料蒐集」是很重要的工作,但不要忘記這也是建立關係的最佳契機。

諮商服務申請表

年　月　日

姓名		性別	□女 □男 □其他	出生年月日	
系級		□大學 □碩博班 □進修推廣部		學號	
通訊處				聯絡電話	
e-mail					
緊急聯絡人			緊急聯絡人電話		

| 來談原因 | □1.自行前來　□2.校內轉介（□導師轉介 □教官轉介 □同學介紹）
□3.校外轉介　□4.測驗篩檢　□5.其他（請書寫） |
| 來談主題
（可複選） | □1.自我探索　　□2.情感困擾　□3.家庭關係　□4.人際關係
□5.學習與課業　□6.生涯探索　□7.生活適應　□8.網路沉迷
□9.生理健康
□10.心理疾患或傾向
　（□情緒困擾　□壓力適應　□曾就診精神科　□憂鬱　□躁鬱
　　□精神分裂　□用藥　□未用藥）
□11.其他（請書寫） |

主要問題概述（請務必填寫）

對諮商的期望（請務必填寫）

家庭狀況	家庭狀況：父（存、歿），母（存、歿）
	排行：兄人，弟人，姊人，妹人
晤談狀況	曾晤談之輔導老師：□無　□有，姓名 □希望安排原輔導老師　□任一輔導老師皆可　□若原輔導老師不行，可安排其他人

| 自我評估 | 為了解您目前的狀況以利晤談，請您依最近一個星期來（包括今天）所感受的狀況和想法，填寫下列題目： |

	完全沒有	輕微	中等程度	厲害	非常厲害
1.感覺緊張不安	0	1	2	3	4
2.覺得容易苦惱或動怒	0	1	2	3	4
3.感覺憂鬱、心情低落	0	1	2	3	4
4.覺得比不上別人	0	1	2	3	4
5.睡眠困難，如難以入睡、易醒或早醒	0	1	2	3	4
6.有自殺的想法	0	1	2	3	4

可會談時段勾選：請打勾（本中心諮商服務採預約制，若有特殊困難者不在此限）

可會談時段	一	二	三	四	五
08:00-08:50	■	■	■	■	■
09:00-09:50					
10:10-11:00					
11:10-12:00					
13:30-14:20					
14:30-15:20					
15:40-16:30	■				
16:40-17:30					
18:20-19:10			■	■	■
19:15-20:05	■		■	■	■

★以下各欄由本中心聯繫後填寫★

輔導老師：_____老師

會談時間：_____年_____月_____日

（星期___）_____午_____點_____分

備註事項：

1. 夜間諮商時段僅於週二晚間開放申請。
2. 請盡量勾選數個可會談時段，以助於本中心順利排案。
3. 底色深部分為非開放時段，若有特殊困難者不在此限。
4. 本人同意中心取得個人資料，目的在於進行諮商服務相關事宜，個人資料受到個資法及相關法令規範。（請打勾）

4-3 初次晤談內容（續）

負責的諮商師依據手中現有的初次晤談資料，開始與當事人做諮商。

初次晤談的內容基本上有（Hackney & Cormier, 2009, pp.100-102）：

一、當事人之基本資料：如姓名、性別、年齡、地址、聯絡方式、緊急聯絡人、婚姻狀況、職業、教育程度等。

二、呈現問題：可按照重要性排序，加上問題持續時間、頻率、首度出現時的情況、問題對當事人生活之妨礙情況。當事人是怎麼決定來做諮商的等。

三、當事人目前的生活情況：如一天是怎麼度過的？有無社交、宗教或休閒活動？工作性質如何？有無特殊文化背景的考量？

四、家族史：家庭成員、家長年齡與職業、彼此間的關係、有無家族病史等。

五、個人史：醫療病史、教育歷程、服役與否、職業史、性與婚姻、用藥或酗酒與否，以及當事人諮商歷史及個人生活目標。

六、描述當事人在晤談時的觀察與反應：如衣著外觀、肢體語言、臉部表情、思考邏輯、動機與反應等。

七、摘要與建議：當事人陳述問題與相關資料、當事人的諮商目標與可能的處置。

以上的資訊都是諮商師形成評估、診斷及「個案概念化」的主要依據，除了

了解當事人關切的議題及其成長史外，也要知道當事人擁有的資源為何。由於諮商目標是由諮商師與當事人雙方共同決定，因此對於問題的定義也要雙方有共識，且有優先次序。

當事人在進入初次晤談之前，可能就機構所提供的「初次晤談表」填寫內容，但有時候並不精確，甚至很矛盾，因此需要諮商師或個案管理師做進一步晤談，將表格中所填寫的內容做確認。

Welch 與 Gonzalez（1999）也提醒諮商師，有時候當事人所要求的並不是表面上的意思，因此需要進一步探問。例如當事人說：「我很孤單，想要知道怎麼解決。」表面上似乎是當事人希望諮商師提供一些可用的社交資訊，但是進一步原因可能是挫敗感太大、想要自殺。

許多當事人會同時填寫許多關切的議題（如人際關係、家庭議題、生涯問題及親子關係），在初次晤談時就可以詳細詢問並排好優先次序。有時即便當事人想要先處理某個議題（如人際關係），但是諮商師的判斷卻發現情緒問題要先處理（像是憂鬱症或有自殺傾向），其順序排位就要有所權衡。而在很多情況下，問題是有連貫性或相關連的（像是性傾向與人際、家庭及情緒議題都有關），就需要與當事人商議先處理哪一塊。

小博士解說

諮商師在初次晤談時，除了蒐集相關當事人所提供的內容外，也要將觀察所得或疑問寫下來，倘若當事人或其他人有立即危險，也要立刻做處理。

初次晤談的步驟（Kottler & Brew, 2003, pp.98-102）

1 開場白（簡短介紹諮商師自己與晤談目標）

2 討論基本諮商原則

3 檢視與修正當事人的期待（設立諮商目標）

4 探索目前關切的問題

5 討論處遇計畫

6 結束（含未竟問題、選擇諮商師、下一次晤談時間、總共晤談次數等）

 轉介或非自願當事人的初次晤談技巧

★ 從同理當事人的心境與立場開始。

★ 諮商師表明自己的身分，以及願意聽他／她的說法或故事的誠意。

★ 諮商師說明自己的困境，如需要給轉介老師、家長或法官交代。

★ 若當事人不知如何開始，諮商師可以請當事人描述自己的優點或長處，醞釀友善、正向的情緒。

★ 告訴當事人，諮商師準備了哪些活動或媒材、想要如何進行，並徵詢當事人的同意。

★ 若當事人不願意待下來，就進行時間的妥協。如「我們先談五分鐘，然後你／妳可決定去留」或「我們談個幾分鐘，因為我要記錄，也給你／妳的老師交代」。

★ 倘若當事人不願意待，也不要勉強，不妨在其離去之時，告訴他／她，你／妳從當事人身上看見的優點（要有具體事實佐證）或學習。

✚ 知識補充站

「轉介」(referral) 可經由不同管道而來，但是基本上當事人都屬於「非自願型」，也就是非主動求助者，因此當事人不想改變現狀的居多，同時也會將諮商師視為「威權」或「不喜歡」的對象，然而有更多的非自願當事人在嘗試過諮商服務之後，會成為自願求助的當事人，主要是與諮商師有第一類接觸後，發現對自己是有幫助的。

4-4 個案概念化

諮商師與當事人晤談時，也在慢慢蒐集有關當事人與關切議題的相關資料，並做分析、思考與整合，以做為問題診斷與處遇計畫的基礎，並擬定出可以執行的諮商計畫。「個案概念化」（case conceptualization）就是以上這些動作的統整。

個案概念化的內容，包含定義主述問題、問題起因與由來、治療目標、達成目標的步驟，同時留意當事人的發展、文化、環境脈絡、相關成長歷史、家庭背景與資源等（Magnuson & Norem, 2015/2015, p.123）。

這是諮商師最重要的基本能力之一，需要理論基礎的支持，其目的是協助諮商師做重要的治療決定，引導治療師處理個案、運用適當的技巧，甚至用來影響當事人的行為、評估治療結果（Reiter, 2014, p.3）。

為何需要個案概念化的能力？主要是：諮商師可以接觸與組織當事人的相關資訊，協助當事人達成其諮商目標。諮商師接觸一個個案時，對於當事人的主訴或關切問題可能有一些假設，而這些假設可以協助諮商師去建構當事人的抱怨或問題，以及可能的解決之道。以家族治療師來說，個案概念化不僅可以讓諮商師了解問題是如何成形的，又是如何持續，以及治療師可以做的改變為何（Reiter, 2014, p.2）。

諮商師在做個案概念化時，要特別注意：一切以當事人「客製化」為主，而不是硬生生地套用自己的核心理念。新手諮商師因為理論的基礎不足，也較欠缺臨床經驗，因此在接觸當事人時，往往晤談超過三次之後，就不知道要將當事人帶往何處，這也說明了理論基本功的重要性。

通常在大學部，心輔相關科系學生可以按部就班接受諮商理論的基礎訓練，一般是從輔導原理與實務開始，然後是諮商理論、助人歷程、個別諮商，接著進入不同學派或取向的諮商理論（如人本學派、認知行為、精神分析、後現代或劃分更細的學派），最後才是整合性的如團體諮商或家族治療課程。

碩士班的課程是為了諮商師考試而設，因此科目不多，但要在短短兩年內就將所有諮商理論學得精熟並不容易，因為接下來就要進入諮商現場實習。

許多諮商師培訓課程都礙於修業年限，面臨無法以具邏輯性、循序漸進的有效方式進行課程學習，因此教師都會鼓勵學生多閱讀、做義工，以便將理論與實際做更迅速的結合。

若當事人的問題是屬於情緒方面的，理應採用與情緒相關的處遇策略，要不然當事人可能也會認為治療師不了解其問題癥結（Hackney & Cormier, 2009, p.155）。因此，儘管諮商師有不同的理論核心，也要對其他理論有涉獵或熟悉，才可能因應當事人需求做「客製化」的有效處理。

個案概念化需考慮的項目（Hackney&Cormier, 2009, p.150）

諮商理論基礎	了解當事人的世界觀（如何看待與解釋生活經驗）	診斷的正確度
治療目標	時間取向（問題持續多久、要改變需時多久、當事人危機情況）	
處遇策略	當事人特色（如背景、人際關係與合作意願等）	

 系統化的個案概念化模式（Gehart, 2010, , cited in Reiter, 2014, p.10）

1 了解並確認誰是當事人　**2** 呈現問題或關切議題的描述　**3** 蒐集相關背景資料　**4** 做系統性評估

5 繪製家族圖（了解問題脈絡與可用資源）　**6** 當事人觀點（從當事人角度來看問題）

 個案概念化模式與流程

Step 1　蒐集當事人相關背景與問題資訊
當事人的性別、出生序、原生家庭家庭圖、家人關係、種族、職業、重要生命事件、問題描述、過去諮商或醫療史、支持系統、生活功能檢視等。

Step 2　形成主訴問題概念
依據諮商師自己相信的取向或理論，擷取重要問題線索，將當事人所敘述與諮商師所觀察的資料做統整，列出可能問題的優先次序。

Step 3　依照優先次序列出治療目標
徵詢當事人意見與協調，列出需要處理問題的優先次序，有時候一個大問題下有不同的子問題，或是不同問題糾結在一起，需要分別列出。

Step 4　依照優先次序，以腦力激盪方式，分別列出可以介入或處遇的方式與考量
盡量仔細、具體，若需要團隊支援，也應列出支援事項。

Step 5　可行的處置方式
就列出的可能處遇方式與方向做篩選，擬定計畫在諮商中進行，並隨時依據出現的新資訊與當事人狀況做調整或修正。

Step 6　進行治療（過程中定期做評估）

4-5 擬定處遇計畫

諮商師在與當事人有第一次接觸之後，就會將所蒐集的資訊統整在一起，做「個案概念化」的動作，其中有一項是「處遇（或介入）計畫」（treatment plan），除了要依照當事人的情況與個性採用適合的理論基礎外，也要有「客製化」的處遇計畫，因此有學者提及在擬定介入計畫時的原則是「彈性、適合、可改變與暫時性」（Welch & Gonzalez, 1999, p.243）。

當事人之所以出現在諮商室，通常是因為其解決方式有限，甚至是毫無頭緒地運用一些方式（Hackney & Cormier, 2009, p.159），因此才會效果不如預期、有挫敗感。然而，這些先前的經驗還是可以提供解決問題的思考，知道哪些方式的成功情況如何、是否可以略做修正，或是提高其成功率。

在擬定處遇計畫之前，諮商師要多花時間了解當事人曾經解決問題的方法，而不要獨斷地「認為」當事人沒有試圖解決其困境或問題，這就是賦能（empower，讓當事人感受自己的力量與能力）與尊重當事人的作法。

許多諮商師會認為自己是與當事人一人在做治療，而忘記將其環境與其他支持及資源納入，或是只考量到改變當事人，卻沒有進一步思考當事人的改變可能會受到其原生家庭或環境的阻撓或抗拒，需要做改變的是環境，或是讓當事人離開其原生家庭。

在擬定處遇（或介入）計畫的同時，不只要考量當事人的期待結果與喜好，還需要注意到當事人的相關可用資源與個性，畢竟諮商的成效是希望讓當事人回歸所期望的正常生活（像是讓學童在校生活更快樂），而且也期待這樣的生活可以持續，因此將當事人生活有關的支持或資源放入（如同儕與師長），必然可以延續其效果。

諮商師在擬定處遇計畫時，基本上是依據自己所相信的核心理論，然而不能只以核心理論為準，有時候要考量哪一種處置方式最適合當事人。像是若當事人遭遇到屬於情緒的創傷，那麼使用情緒取向的處置方式較佳，若是當事人的問題與諮商師的處置有扞格或衝突，當事人可能會認為諮商師辜負其期待、不了解他／她的狀況；而隨著諮商的進展，當事人多面向的問題也會慢慢浮現，因此需要諮商師做適當處置的調整（Hackney & Cormier, 2009, p.155）。

治療目標與處遇計畫緊緊相連，若能夠以繪圖方式表示，應可協助當事人更清楚看見目標達成的時間與程度。治療目標要達成，必須取得當事人的意願與合作，才容易竟其功，而不是靠諮商師自己擬定計畫與執行步驟。此外，處遇計畫要隨著諮商的進展與當事人的進步做彈性調整，也要為當事人可能的復發狀況做預防與練習其他可行之道。

小博士解說

諮商師所擬定的處遇計畫是為當事人量身打造的「客製化」計畫，因此不要只恪守自己的核心理論，因為這是遠遠不足的；必須要熟悉不同的理論與其處置方式，在需要時才不致左支右絀，拿不出策略來。

處遇計畫內容（Hackney&Cormier, 2009, p.157）

設立的諮商目標。

介入處置方式會讓當事人理解其目標。

進行處遇行動的其他條件因素。

達成目標所需時間的預估。

處遇策略須考量的因素
（Cormier & Nurius, 2003, cited in Hackney&Cormier, 2009, p.158）

所有相關可用的處遇（取向）的描述。

採取行動及過程背後的理由。

諮商師在每一個處遇中的角色描述。

評估需要的時間與費用。

處遇策略須考量的因素

當事人在每一個處遇中的角色描述。

預期的效果。

可能會遭遇的不舒服或危險。

個案概念化的重要性與指標（Corey, 1996, pp.14-17）

重要性

★ 蒐集資料並做組織統整，以了解當事人、議題與資源。

★ 思考與計畫該如何協助當事人做改變或達成其目標。

★ 使用適當、有目的的技巧。

指標

★ 身分資料　　★ 呈現問題

★ 目前生活狀況　★ 心理分析與評估

★ 社會心理發展史　★ 健康與醫療史

★ 工作適應情況　★ 致命性的可能

★ 目前人際關係　★ 摘要與形成個案

4-6 擬定處遇計畫（續）

　　諮商師在擬定處遇計畫時，通常會使用自己所熟悉的取向與策略，然而這適不適合當事人與其關切的議題，就是需要思考的地方。治療師不應堅持採用自己喜歡的方式，而是要以當事人為首要考量。有關理論的部分會在第 7 章做簡介。

　　擬定處遇計畫時要注意的事項包括：一、當事人是否適合諮商，還是適合其他服務？二、地點是否適當？三、目標的設定是否達成共識？四、諮商過程的相關考量。

　　治療師從與當事人第一次接觸開始，就開始蒐集與當事人相關（包括關切議題）的資訊，同時建立治療關係，也開始在腦中醞釀處遇計畫，必要時還要思考是否搭配其他模式的諮商（如伴侶、家庭或團體）或支援（如身心科醫師、社工）。

　　與處遇計畫有緊密關連的就是諮商師對當事人問題的診斷，雖然有些理論取向（如人本、完形或後現代治療）不相信診斷的必要性，然而一般諮商師在養成教育期間，還是必須對於診斷及測驗的相關知能（如變態心理學、診斷與評量等）有相當程度的了解，因為診斷或測量結果也提供了個案概念化與擬定處遇計畫所需的資訊。

　　診斷可提供治療師一些思考方向，包括理解當事人的主訴問題是否為諮商師可勝任的？有無其他生理或心理疾病需要優先處理？需不需要將其他專業人員（如醫師、社工）納進來或做轉介動作？有沒有可能是因為生理因素導致生活失功能？

　　使用診斷的好處是：一、提供有益於了解當事人問題的線索；二、協助當事人得到支持；三、可減少責備，建立合作關係；四、診斷所貼上的標籤，有時可協助家長或其他人看到當事人的優點；五、診斷可以讓諮商師接近許多相關知識；六、可協助家庭獲得資源（如醫療或其他相關補助）。

　　然而，診斷也有壞處，像是：一、標籤會強調病態，貶損當事人；二、可能限制或助長期待效應；三、可能是不可靠與不正確的；四、如果當事人是特殊的，就有負面標籤效果；五、對當事人來說，診斷不是自己選擇的，會牽涉到倫理議題（Sharry, 2004, pp.86-88）。

　　不過，在醫療保險方面，則需要有明確的診斷才可能獲得補助（如臺灣的健保制），其他的財務或協助（如自助團體或基金會）也才會隨之而來。然而，許多民眾不喜歡被貼標籤，擔心會被歧視或另眼看待，因此諮商師要特別注意當事人或其重要他人的考量，一切以當事人的福祉為最優先。

擬定處遇計畫的注意事項（Seligman,1986, pp.168-192）

當事人是否適合諮商	當事人的動機、特質、問題性質。
地點是否適當	專業人員的專長、地點，對當事人來說方不方便；服務時間與費用是否適合當事人等。
諮商過程的相關考量	持續多久、指導程度、是支持性或探索性諮商、是認知情緒或行為諮商、諮商模式、諮商師的因素（與當事人是否適配），以及諮商步調與次序。

 使用診斷手冊的錯誤假設
（Maddux, 2002, cited in Selekman, 2005, p.10）

 這些分類是依據世間的現實情況而定。 ✖

 我們有能力去明確區分正常與非正常行為。 ✖

 這些分類有助於臨床診斷。 ✖

 這些分類有助於處遇計畫與過程。 ✖

＋ 知識補充站

目前美國醫療單位是使用國際公認的 ICD 10 為診斷依據，而諮商師則是依據 DSM-5R 為診斷依據，因為需要申請補助款。臺灣目前尚未正式將諮商列入醫療補助，雖然有些機構（如臺北松德院區）或身心科醫院已經有這樣的醫療服務，但不普遍。

4-7 諮商紀錄的注意事項

到底諮商紀錄應該做到什麼程度？這也是許多新手諮商師關切的議題。諮商紀錄當然是如實記錄最佳，然而有時候會涉及到其他人，或影響到當事人的福祉，就有一些權宜措施。

一、以不妨害當事人的生活為首要

雖然被轉介來的當事人都是權力最小的（如學生、患者或法院裁定刑責者），然而在諮商室裡都應該獲得應有的尊重。有些當事人會擔心誰會接觸到紀錄，或是紀錄的內容為何，這些都可以跟當事人商議、協調，甚至讓當事人看紀錄都可以。因為紀錄是屬於當事人的，要透露內容給當事人之外的人知道，都需要得到當事人的允許（且最好是書面的同意）。

二、可分繁、簡兩式

有時候當事人所說的內容與轉介人有關（如提及老師對他／她的不公平待遇），為了不讓老師看見紀錄，而讓當事人的生活不好過，因此在紀錄上可以略為保留，以簡單、概括的方式撰寫（如「與他人相處」議題）即可。這裡也牽涉到學校機構是否能夠保密，會不會讓紀錄給不相干者看到的倫理議題。簡單的紀錄可以給轉介人看，但是諮商師必須要保留詳細的紀錄，因為事關當事人福祉。詳細記錄是為了保障當事人與諮商師的權益，諮商師做了什麼來維護當事人，也都應詳細記載在內。

三、在諮商進行中還是結束後做記錄？

一般說來，諮商晤談紀錄應該在晤談結束後立即花時間記錄最佳，因為記憶清晰。若是發現在晤談中有忘了問的問題，或是重要事件需要做處理（如與精神科醫師或社工師聯繫、自殺預防等），就可以採取行動。

然而，有時候諮商師還要忙其他事務，可能會耽擱，或是有些諮商師的習慣是在一天結束前將紀錄做整理。

有些諮商師習慣在晤談進行時記錄，雖然可能分心，或讓當事人覺得不被尊重，但是都可以取得當事人的了解，因為諮商師可能是記性較差，或是隨手記下一些重要事件或問題，因此得視治療師的因素而定。

四、保密原則

諮商紀錄要注意到嚴謹的保密方式，現在許多資料都電子化了，許多機構或單位都要治療師將當事人的紀錄儲存在電腦裡，因此必須設一些密碼，以防堵資料外洩。當然保密還是有一些限制，像是法院命令，或當事人是法定的被監護人（年紀未滿十八歲或身心障礙者，其監護人可看紀錄），或是有立即危險者。但是，當事人死亡或是未取得當事人書面同意者，不能公開或擅用其紀錄，要不然會受到法律制裁。即使是做研究或個案報告，也要隱藏其身分或做一些修改，讓閱讀者不能對號入座。

五、危機處理紀錄

若是當事人有自殺意圖或作為，甚至有危害他人之潛能，諮商師都要詳列在紀錄裡，並且將處置方式一一記下。這是用來檢視諮商師處理的適當性，必要時若有訴訟，也可做為佐證資料。

 個案報告示例

個案姓名	林大川（男性，43 歲）
個案背景資料	大學肄業，大賣場組長。離婚，育有一女（十歲），由前妻監護。目前與父母及小妹同住。（學歷、職業、婚姻與家庭狀況等。）
個案主訴問題	憂鬱情緒（有過自殺企圖）、與家人相處問題、探望女兒問題、與同仁相處議題。（可列出多項，做優先次序排列。）
個案問題歷史或就醫紀錄	大學時曾就診（中度憂鬱），但未持續看診或服藥。服役時，曾與人有重大衝突；工作斷斷續續，目前工作已超過三年。
個案對問題之描述	當事人認為自己未能達成父母期待、未能完成學業，加上服役時與人嚴重衝突、同僚差異對待，婚姻情況不如預期（結婚三年就離異），深怕女兒不認他。目前工作雖穩定，但覺得無聊，也無晉升希望。
處遇策略	1. 配合身心科醫師的藥物治療，並監督其用藥情況。 2. 危機處理：持續監督其自殺意念與企圖、身心與情緒狀態。 3. 認知行為取向介入模式：了解他的信念與價值系統、早期錯誤的邏輯歸因，並採用舉證辯駁及家庭作業方式，釐清與破除其可能的迷思，如男人失敗就不是男人、長子理應承擔奉養父母的責任、身為父親不該讓前妻瞧不起等。 4. 檢視與重新連結其原生家庭系統，如邀請願意出席的家人、協助家庭功能之重整。 5. 肯定與表達訓練：協助當事人可以正確表達自己的情緒與想法，增進其溝通與談判技巧，讓他可向家人、前妻及女兒適當表達其感受與意見，也可以協調探望女兒的時段與活動。 6. 情緒表達與管理：改變其內向攻擊（自責、低落情緒、自傷行為）的方式，以其他正向或建設性情緒宣洩方式（如運動、冥想、參加活動）取代。 7. 注意事項：多使用鼓勵、正向積極態度與言語，並適當舉證。 8. 晤談次數：八次。
目前進展	1. 憂鬱情緒減緩，也配合醫師用藥。 2. 危機情況曾出現一次（與前妻論及監護權問題），但迅速解除（當事人運用「不自殺協定」裡的危機處理步驟），並致電諮商師。 3. 當事人養成固定時間運動（健走）的習慣，氣色與身體狀況都進步許多，情緒上較為穩定，愉悅心情亦較多。 4. 信念轉換部分有些微進度，然而當事人的若干信念（如對自己父職的期待）仍需要持續努力。
未來計畫與建議	1. 針對當事人的錯誤歸因與正向信念部分，需要繼續工作。 2. 可整合其他取向（如敘事）或治療模式（如團體諮商、園藝治療），療效應更佳。

第5章
設立目標及危機處理

學習目標：

　了解諮商目標之功能與如何擬訂，了解並評估當事人呈現的哪些危機情況需率先處理，以及應如何協助有自殺意圖的當事人。

5-1 **諮商的目標**

諮商當然要有目標,當事人才會知道自己的問題要朝哪個方向解決,以及諮商是否有效果。因此,在填具諮商晤談的約談表格時,通常就會看見「目標」這一欄,也就是當事人所列的目標。而在進入晤談過程之後,治療師會與當事人一起商議更具體可達的目標為何。

諮商目標的設定,也會影響到諮商師接下來的處遇及策略(Hackney&Cormier, 2009, p.157)。計畫諮商目標時,最好與當事人一起擬定,而且越具體越好,最好是看見行為有大幅的改變或改善,一來容易取得當事人的合作與努力,二來越具體的目標就越容易達成,也容易評估(Hackney & Cormier, 2009, pp.126-127)。

有時候,當事人是在遭遇痛苦之境後,最後才選擇來找諮商師,若諮商師發現當事人有立即危險的可能性,或是有其他人可能會因此受傷或受害,就需先做危機處理動作。

諮商師若對當事人的安全有疑慮,可以用簡單幾個問題或量表(如憂鬱或自殺問卷)來進行篩檢,因此本章也會就危機處理做簡單介紹。

設立諮商目標

諮商目標就像是一張地圖,引領諮商前進,即便是以精神分析的模式進行,雖然次數較多、治療時間較長,還是有其要達成的目標。諮商若無目標,就可能漫無目的地遊走,讓治療師和當事人一直在原地打轉。諮商目標也可以分為短、中、長期,端賴諮商的時間長短而定。

諮商目標主要是為了:

一、有激勵動機的效果:鼓勵當事人朝向渴望的生活改變前進,有努力的具體目標。

二、有教育功能:建立正向、可達的目標,協助當事人知道如何去達成,讓當事人學會建構與管理自己的生活。

三、有評估功能:一旦設立目標,就能以此為圭臬,看看自己達成的程度多少,並評估諮商效果。

四、諮商目標的設立也需要有彈性:隨著諮商進程或是當事人提供更多資訊而有不同重點,而具體可觀察的目標,不僅讓當事人容易看到進度或改變,也會更有動力想要持續做努力。

小博士解說

諮商目標的設立有時很早就決定,有時需要花一、兩次晤談才會清楚,而有時則是隨著諮商進程需要而調整或添加新的目標。若是目標清楚,治療的方向與成果就顯而易見,也容易促動當事人朝目標前進。諮商師本身的理論基礎要堅固,若沒有理論的支持,不僅處置方式會雜然無章、無脈絡可循,也可能帶著當事人無所適從,不知往哪裡去。

設立諮商目標的理由
（Locke & Latham, 1984, cited in Egan, 2002, p.250）

 協助當事人集中注意力與行動。

 協助當事人願意投注心力與努力。

提供當事人誘因去找尋策略以達成目標。

清楚而具體的目標，可協助當事人堅持下去。

 設立良好目標的元素（Culley, 1991; Hackney & Comier, 2009）

可觀察、可接近且具體

目標可評估

相關核心議題要先討論

設立良好目標的元素

隨時做必要修正

當事人與諮商師共同協調的結果

實際評估當事人的能力與時間

 訂立諮商目標的注意事項

★ 以當事人的決定為主。
★ 諮商師可以與當事人商議問題的優先處理順序。
★ 詢問「未來導向」的問題，如：若治療有效，你會看到什麼？
★ 邀請當事人對目標或期待做具體陳述。

＋ 知識補充站

　　諮商議題可能有關係（家庭、人際、親密或職場）、自我探索、情緒與壓力、生涯、學業、生理或心理疾病等，當事人可能勾選多項，應視諮商次數或需求，排定處理之先後次序。

5-2 如何決定諮商目標

　　諮商目標通常是以當事人的為主，然而最理想的是諮商師與當事人一起決定，因為有時候當事人可能提出不切實際的目標，像是「我希望可以感覺好一點」，就需要治療師與當事人仔細商量後，訂定出可達的具體目標。

　　設立目標時，要注意當事人：是否安全無虞？若有致命性危機，是否已解除或舒緩？當事人在心理情緒上是否穩定？是否有正式與非正式支持系統或資源（Collins & Collins, 2005, cited in Hackney & Cormier, 2009, p.137）？要先將一些危險因子排除之後，再與當事人設立適當的治療目標。

　　有些當事人所設的目標是放在他人身上，像是「我希望我丈夫對我好一點」或是「我希望別人不要欺負我」，就需要進一步釐清諮商的協助對象是當事人本身，因此要將目標做適當修正，同時也是讓當事人負起責任。

　　有些當事人對於治療目標拿捏不足，或是不清楚自己要什麼（特別是被轉介過來的當事人或年幼者），諮商師都可以協助其設立可達目標。像是與同學爭吵後，被班導轉介過來的孩子，認為自己很委屈、被同學欺負，若諮商目標是如班導所說的「不打架」，是較不切實際的，不妨說服當事人以「要在學校過得快樂一點，沒人找麻煩」為目標，他／她或許願意合作。

　　有些治療目標不能以轉介人的標準來看（如前例），因為是站在老師的立場，有些目標並不符合當事人的需要或情況。治療師需要站在當事人立場，與他／她一起訂立目標，當事人願意努力與合作的機率才會提升，況且許多當事人都會誤以為諮商師是站在權威、反對的一方，企圖想要「治理」、「管教」當事人。

　　當事人訂立的諮商目標經常超過一個，因此需要有優先次序，排定次序的考量包含：一、有危機性或急迫性者優先；二、簡單容易完成者；三、當事人資源足夠者。此外，也可以將當事人認為最想達成的或最需盡快處理的目標優先處理，其餘的次目標或附加目標就列在後面。

　　諮商師與當事人在擬定治療目標時，還需要考慮到當事人身處的環境脈絡與資源，因為當事人的改變可能會激起其他人的抗拒、形成阻礙，或是當事人的環境資源不足，無法維繫當事人的改變。因此，諮商師需要了解當事人的環境對其影響或助力為何，支持系統或資源有哪些可納入，要不然只專注於當事人本身，可能事倍功半。

諮商目標需要做適當調整

　　在治療初期所訂的近期目標若達成了，或許會更改之後要努力的目標；或是遠期目標需時甚長，不是預定的幾次晤談可以達成；也可能當事人當時的情境有了改變，需要及時處理當下的困境等等，這些都需要諮商師與當事人調整之前所設立的目標。

擬定諮商目標的障礙

非自願當事人。

當事人對於問題不清楚。

目標太大或太遠。

當事人希望其他人做改變,而非自己。

目前的問題行為有附加利益,因此不需要改變。

 在遭遇危機當事人時,諮商目標為:
(Collins & Collins, 2005, cited in Hackney & Cormier, 2009, p.137)

諮商師必須確保當事人的安全,降低致死性。

危機當事人

當事人心理上平穩;當事人自己與情境暫時已達穩定狀態。

當事人已經與適當的正式或非正式資源有連結或接觸。

 設立諮商目標技巧(不限於此)

直接詢問當事人。

詢問奇蹟式問句
ex「無問題會是怎麼樣的情況?」

詢問「未來導向問題」
ex 問題獲得解決後的情況。

以評量式問句詢問
ex「從一到十,若目前問題是六,如何進展到五?」

5-3 危機處理原則與自殺危機評估

危機處理原則

在與當事人開始建立關係、談論諮商目標的同時，諮商師必須要有一些警覺的觀察與直覺。新手諮商師常常忽略一些重要的危急線索，而耽誤或沒有做危機處理，導致嚴重結果，因此需要對危機處理有較多的認識。

諮商師會遭遇的危機，通常是當事人有自殺或自傷傾向，傷害他人或有傳染性疾病，當然也有針對諮商師所做的危險行為。像是十多年前，美國有一位以犯罪青少年保釋者為治療對象的諮商師，有一天被自己的當事人當場槍擊斃命，事後檢討的結果，是因為機構未設金屬探測器，而諮商師本身也未覺察到自己可能有危險，從此不少心理衛生機構也設置了金屬探測器與警鈴，以避免類似悲劇發生。

危機處理原則如下（Ivey, D'Andrea, Ivey, & Simek-Morgan, 2002, cited in Lewis, Lewis, Danieles & D'Andrea, 2011, pp.95-96）：

一、聚焦在特殊、有時間限制的處置目標上。

二、協助當事人釐清與正確評估他們所擁有的資源與壓力源。

三、協助當事人發展更有效的適應方式或問題解決機制，讓他們可以回復到原先的功能。

四、危機處理是現實導向的，協助當事人釐清其認知、面對其否認與扭曲的想法，並提供情緒上的支持。

五、若與不同文化或背景者工作，處遇策略應盡量包括當事人現存的支持系統，讓因應策略可以更有效。

六、危機處理可做為往後諮商與相關服務的前置作業。

自殺危機評估

通常當事人會尋求諮商服務，有許多是感覺生命已經到谷底，試圖做最後一搏，因此諮商師對於當事人是否有危險必須要特別敏銳。

有時候，在初次晤談或第一次諮商時，諮商師依據當事人所陳述的情況，認為對方有自傷或自殺的可能性時，都要直接詢問，要不然很容易錯失良機，造成悔恨。

即便當事人告訴諮商師：「我只是隨便說說。」諮商師都不應該輕忽，而是要以同理的角度去做反應，像是：「這麼辛苦的過程，你／妳都熬過來了，是否曾經在這麼無望的情況下，有過想要解脫或自行了斷的想法或計畫？」

有人問：「如果當事人根本沒有想過要自殺或自傷，經諮商師這麼一問，不就是提醒對方（自殺也是選項之一）了嗎？」臨床的經驗顯示：企圖或計畫自殺者背負著很大的壓力，尤其是想自殺又不敢讓別人知道的壓力，一旦諮商師可以理解他／她的痛苦程度，也詢及自殺的可能性時，當事人通常因為被理解而立刻感到輕鬆，接下來會較有意願與諮商師談論自己的心情與想法。

諮商師需要跟隨當事人的這些自傷或自殺意念一段時間，**時時檢視其危險性有無降低**，而不是詢問過一次便結束。

✋ 自殺的迷思與事實

迷思	事實
談論自殺的人不會自殺	事實上是在求救或發出警訊。
自殺的人一心一意想求死	事實上是在求救，只要這個念頭過了，就可能沒事。
自殺只是想得到別人的注意	只有極少數是如此。
當情緒變好時，危機就結束	這才是關鍵期，因為情緒變好、有體力了，自殺就更可能成功。
談論自殺會讓人產生自殺的念頭	想要自殺的人，通常都隱瞞這個想法很久了，壓力很大。當他／她的想法被了解之後，就可以談論問題解決之道。
自殺通常沒有預警	想要自殺的人會談論死亡、暴力，或自己死了會如何，甚至有一些告別舉動出現。
自殺是遺傳的	主要是家庭氣氛、家長問題解決的示範，以及自尊低落。
來自富裕家庭的自殺率較高	事實上，自殺人數不因社經地位而有差異。

✋ 自殺動機（Capuzzi& Gross, 1989, p.288）

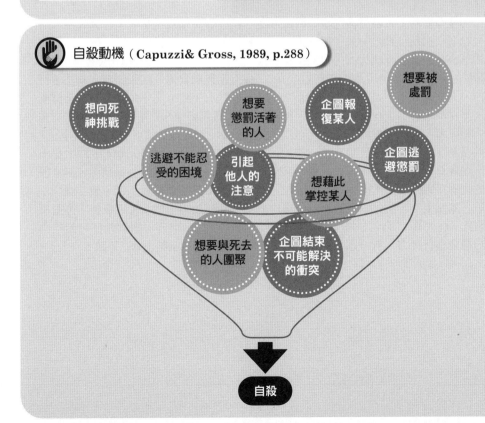

5-4 自殺危機評估與危機處理方式

自殺危機評估（續）

自殺危機評估基本上要針對以下幾項（Staton et al., 2007, pp.204-207）：

一、行為上：若當事人明白說出自己想要自殺，則要同理其行為之下的情緒，並肯定他／她願意說出來的勇氣，接著做危險性評估。若當事人沒有清楚表示，則進一步做釐清，如：「你說這些問題將不存在，指的是什麼？」若當事人只是模糊指出自殺的可能性，則以直截了當的方式詢問。

二、情緒上：若當事人情緒低落、有無望感，或是有很深的罪惡感，就是高度自殺危險群。可以用量表方式（一到十）詢問其希望感的多寡，並探詢若要希望感增加的情況為何。

三、身心症狀上：罹患慢性疾病或嚴重失能者，也是自殺危險群。酗酒或在藥物影響下的人，判斷失據，也較無控制衝動的能力，諮商師可詢問相關問題。

四、人際關係上：是否有重大失落？特別是媒體上有名人自殺，有些情況與名人相似者，可能會促動其仿效。可以詢問當事人：「倘若成功度過這一次危機，你會有什麼不同？有哪些人會看到你的改變？他們會怎麼說？」

五、認知上：評估當事人思考的計畫與方式，詢問其：「我可以感受到你有一部分想要執行計畫，有一部分則有所遲疑，你可以說明嗎？」

六、靈性上：當事人或許會認為死亡是一種解脫，諮商師可以用「理解」、「一般化」或檢視的方式探問，如：「也許你會懷疑生命的目的何在？如果繼續活下去，你認為哪些事的發生會讓情況有所不同？」或是：「與你有同樣信仰的人，會怎麼取得諒解？」

危機處理方式

諮商師在第一次與當事人接觸時，需要對諮商過程與相關倫理做說明，倫理部分像是治療關係、保密原則，還有一些「例外」的部分，也就是在哪些情況之下，諮商師不能夠堅守保密條款，「自傷與傷人」就是其中一項。當然，倘若當事人有這些危險念頭，他／她就要自己決定是不是要告訴諮商師。

諮商師若知道當事人有自傷或傷人的動機，或已有計畫時，第一個要知會的是該機構的負責人，啟動危機處理機制，像是學校學務處。如果當事人是法定行為限制人（如未滿十八歲或是身心障礙者），就需要通知其監護人，也要明白告訴當事人，諮商師接下來的行動為何。

D. H.Granello（2010/2014, p.59）提出對於自殺傾向學生的危機諮商，其步驟為：一、評估危險性；二、建立關係；三、傾聽故事；四、管理感覺（協助學生表達情緒）；五、探索其他可能性；六、使用行為策略；七、追蹤。

危機處理步驟（Lewis et al., 2011, p.96）

1 評估危機之性質

2 協助當事人釐清立即的問題

3 找出額外的支持資源

4 找出個人的優勢

5 探索情緒

6 發展因應情勢的策略

7 預防日後危機的計畫

 校園內發生自殺事件的處理原則
（Juhnke, Granello, & Granello, 2010/2014, pp.111-123）

減少自殺行為擴散的風險	包括不將學生之死亡美化或浪漫化，不要利用廣播或大眾媒體宣布學生的死訊，不要舉行校園內的紀念活動或因此停課，不將死亡形容為「結束痛苦的方法」，盡量不要討論死亡細節。
提供支持	
處理社會對自殺的汙名	例如自殺與心理疾病的連結。
傳遞正確訊息	例如有需要就求助、知道有人有自殺傾向要告訴成人等。
後續追蹤與介入計畫	

✚ 知識補充站

　　所謂的「不自殺契約」是諮商師與當事人在互信的條件下所擬定的書面約束，若未取得當事人之信任或意願，這樣的契約無法如實履行、等於白搭。「不自殺契約」最重要的內容是：讓當事人有自殺意念想行動前，可以先做一些防堵動作、阻擋其進行自殺行為。

5-5 危機處理方式與自殺的迷思

危機處理方式（續）

諮商師與有自殺傾向的當事人晤談時，可能先前已經有做過初步處理（像是與教官或導師談過，不讓學生落單、確認其安全性，聯絡家長等），接著諮商師就要與當事人做第一次接觸，包括做風險評估（要了解當事人可能計畫或利用那些方式傷害自己），同時以真誠關懷與同理態度來與當事人晤談，以平靜的方式與當事人討論自傷或自殺議題及行為，也盡可能回應當事人所提的問題。

接下來，就要傾聽當事人的故事，讓當事人有機會發洩或表達情痛苦、憤怒或恐懼的情緒，然後與當事人一起商議其他解決問題的可能方式、增加其解決問題的希望與期待，與當事人訂立安全契約或計畫（如情緒不佳或有自傷及自殺念頭時要怎麼做、求助電話等），最後要持續追蹤（緊急危機時可能每天晤談兩次，當情況舒緩就可以每天一次，間隔時間慢慢拉長），也要為當事人建立及維繫人際支持網絡。

諮商師對自殺的迷思

諮商師在介入企圖自殺的當事人之前，需要針對自殺的迷思做一番自我反省，在釐清這些迷思之後，才可能做正確的判斷。

諮商師本身若是自殺遺族（也就是親友自殺者），還要特別注意反移情、過度同理或是創傷被掀起的問題，這些都可能妨礙其與當事人的治療關係及效果。

通常諮商師會以當事人的情緒憂鬱程度，來判斷其是否有自殺傾向，然而「無望感」才是自殺最重要的因素，也就是 Aaron Beck 所謂的「憂鬱三角」，對自己、周遭環境與未來，不抱任何好轉的希望，因此會有尋死的念頭。

不同年齡層的自殺動機各有不同（如較年幼者是因為缺乏問題解決能力或鑽牛角尖，年老者可能因為怕成為他人的累贅），諮商師也需要協助其探索。

有些當事人可能醞釀自殺企圖已經有一段時間，或許在向諮商師坦承時，也擔心會嚇到治療師；治療師也要有心理準備，因為諮商師不一定會同理到當事人可能有這樣想法，不妨直接表達自己的驚訝，不需要掩飾或強裝鎮定，但是要清楚接下來的一些重要處理步驟。

小博士解說

評估自殺危險性的範圍包括：有無自殺計畫（含細節、當事人堅決程度、自殺工具的致命性、取得自殺工具的容易程度、可獲得的協助）、自殺想法或歷史、精神或情緒穩定性、心理性疼痛、觸發條件或危險因子、保護因子為何等（Juhnke,et al., 2010/2014, pp.69-71）。

自殺危機評估（Sommers-Flanagan & Sommers-Flanagan, 2002, cited in Staton et al., 2007, p.203）

以下的答案為「是」者，危機越高！

	是	否
1. 有無詳細的計畫？		
2. 是否已經決定自殺的方式？（越容易完成的方式越危險，如跳樓。）		
3. 當事人最近是否經歷了重大失落？		
4. 之前有無自殺的企圖？		
5. 當事人是否未婚、孤單、無社會支持網絡？		
6. 當事人是否偶爾失控或較衝動？		
7. 當事人是否使用酒精或藥物？		
8. 當事人是否吻合心理疾病診斷標準？		
9. 當事人是否為中年（或老年）男性？		
10. 當事人是否為大學生？		

＊註：自殺高危險群為 14 至 25 歲，或 65 歲以上者。

青少年自殺高危險群（National Institute of Mental Health, 2000, cited in Lewis et al., 2011, pp.98-99）

	是	否
1. 之前有自殺的企圖。		
2. 有自殺的表示（如自傷或自我虐待行為）。		
3. 有社會孤立傾向（沒有朋友或只有一位朋友）。		
4. 學業成績低落或有逃學紀錄。		
5. 家庭破碎，或與重要他人（親密伴侶或家人）關係破裂。		
6. 談論（他人或自己的）自殺。		
7. 親近的友人或家人曾自殺。		
8. 不住在家裡。		
9. 有死亡的念頭。		
10. 最近有重大失落或紀念日。		
11. 突發的破壞或暴力行為。		
12. 較平日退縮、不溝通，或不與他人接觸。		

第 6 章
讓當事人了解自己的故事，
並獲得新認識

學習目標：

　本章會就這些面向的技巧與注意事項做探討，這些內容與第三章「建立工作關係」呈現的或有重疊，並簡化了一些，主要是提醒之用。另外，雖然本書將技巧區分為情緒、認知與行動等介入方式，卻不是截然二分的，就如同我們在使用同理技巧時，也含括了內容重點與情感層面，有些即便是情緒技巧，亦可引發認知想法的思考或改變。本章只針對「情緒探索」與「認知介入」兩部分做介紹，「行為介入」部分在第 7 章與第 8 章會有更詳實的說明。

6-1 協助當事人覺察與洞察

這個章節是針對諮商師可以使用的技巧做簡單介紹，是諮商各階段皆可以使用的技巧。

治療師針對當事人的想法和感受進行探索之後，當事人會開始明白自己與關切議題的關連，增加對自己的認識與了解，開始有改變的動力，甚至開始嘗試做一點小改變（行動）。

要讓當事人在一位陌生專家前面說出自己不堪、脆弱或痛苦的故事，著實不簡單，這也是提醒諮商師需要好好珍惜這項特權的主因。讓當事人說出自己的故事，不是只針對其所說出的內容而已，還需要引導當事人探索及說出自己所經驗的想法與感受。

協助當事人覺察與洞察

探索階段主要是在協助當事人自我覺察，不管是在動機、情緒、認知或行動方面的覺察均屬之，然而當事人只有覺察是不足的，除非其針對此覺察有更進一步的行動跟隨。

覺察還有一項重要的功能，就是「了解責任的歸屬」，了解與釐清是當事人該負責的或是過於負責（撈過界），可協助當事人在情緒與認知上有較明確的認識。

在諮商現場，許多當事人只需要有人願意傾聽，在其述說的同時也做了自我整理，情緒有了抒發，或有新的認識或領悟，諮商效果就達成了。

諮商學派裡有「短期治療」，如焦點解決學派，設定諮商不需要長期，甚至可以讓諮商一次就完成。

這其實也說明了一般人在日常生活中，每天忙於自己的事務，很少有機會專注聆聽周遭人（特別是自己在乎的重要他人）的心情或想法，有了一位專注傾聽的聽眾在旁邊，當事人在敘述自己很難堪、私密的故事時，都能抒發情緒、重新認識自己、不囿限於狹隘的思維，或是更清楚自己想要完成的目標，這些都是自我覺察可發揮的功效。

當事人可以從新的觀點看事情，了解事件之間的關係或發生的理由，甚至看見自己性格或習慣中的模式，不管是情緒或認知上的洞察，都是引發行動的先決條件；而相信當事人有能力負責、面對與解決問題，展現成長的潛能，就是諮商應堅守的基本原則。

小博士解說

當事人若能學會如何思考其問題，就較能探索與了解自己的問題，並決定如何解決自己的問題，這就是洞察的功效（Hills, 2009/2013, p.191）。

促進當事人覺察的技巧（不限於此）

技巧	說明
重述	藉由摘要重點，為當事人整理自己的思緒及想法，也讓當事人有機會重新聽見自己關切的議題。
重新架構	從不同角度來觀看事件，會發現不同意義。
立即性	描述諮商師觀察當事人在諮商現場的表現，檢視當事人的感受或想法，以及當事人在治療關係與一般生活的人際互動相似／異處。
挑戰	挑戰當事人的想法或是點出不一致處，讓當事人去思考此想法之適宜性或正確性。
雙椅法或角色扮演	讓當事人可以從不同角色與觀點看事物，在參照比較之下，會有新的了解及領悟。
幽默	提供誇大或是不同角度的思維，讓當事人看見自己思考的荒謬或不合理處。
問句（如產婆法或理性辯駁）	以適當的問話方式，讓當事人進一步去思考自己的想法是否有助於自己的生活？
家庭作業或實驗	讓當事人有機會去接觸第一手經驗，甚至新的行動，藉此破除自己思考的錯誤或去體驗新感受。
解釋	連結當事人所提供的資訊並做解釋，讓當事人有理解或不同思考。
夢的技巧	藉由解夢、演練夢境等方式，讓當事人看見自己所關切的議題與可能意義。
閱讀治療	提供當事人相關的一些文章或書籍，並與當事人討論心得，可以從不同的生命經驗與體會中得到覺察或洞察。

✛ 知識補充站

　　諮商師協助當事人增進自我的覺察能力，不僅能讓當事人更認識、接納自己，體會生活，也會增加其對自己的信心與能力。。

6-2 探索情緒與情緒介入

許多當事人進入諮商室，常常在諮商師的同理傾聽後，很自然有情緒產生，而許多當事人會訴求協助，也往往是因為被情緒所淹沒，不知如何是好。在當事人的情緒平穩或宣洩之後，情緒效果也是諮商介入所展現的樣貌之一。

一般當事人會對於自己自然的情緒流露而感到不好意思，因為情緒是極私己的事，通常不會在陌生人面前表現出來，但是治療師就有這樣的功力，讓當事人可以自然表現情緒。通常治療的展開，也是在情緒可以自然表達之後。

男性因為社會期待與社會化結果，較不容許情緒的表露，特別是一些被視為「脆弱」或「女性專屬」的情緒，因此男性常以否認、理性化、幽默或嘲弄方式規避真正的情緒，這通常也是諮商師需要著力之處。

情緒介入的主要目的是：一、協助當事人表達情緒；二、認出與區辨不同情緒或狀態；三、改變或接納、統整情緒（Hackney & Cormier, 2009, p.176）。激起情緒是改變的必要條件（Frank & Frank, 1991, cited in Hill. 2009/2013, p.89），倘若當事人認為自己不必為問題負責任，或是平鋪直敘其問題，無任何自然情緒表露，暗示著其沒有準備好要做改變，諮商師也不能做什麼。

2000 年，HBO 曾播放一部紀錄片，片中十多位治療師為了讓青春期就犯下弒親重罪的八位罪犯，在敘述自己的罪刑時會有情緒表現，努力了兩年多，終於達成目標，而在片尾出現一行字「治療才要開始」，這正好說明了改變的濫觴是需要有情緒的加持，也說明了之前所提的「同理心」為何如此重要。

有些當事人不善於表達情緒，或是不知如何表現情緒，有時候這些情緒「禁令」是自小從原生父母那裡而來，使得個體以為表現出情緒是不應該、被瞧不起的，或是對自己不好的。

有些當事人（如有過創傷經驗者）對於一些刺激極為敏感，會立刻引發其波濤洶湧、一發不可收拾的激動情緒，有時甚至會做出傷害性命的事（如自傷或傷人），此時很重要的就是協助其區辨哪些情緒是合理的、哪些可能是過度反應，以及慢慢提升其挫折忍受度。

另外，有些當事人不能接受事實以及隨之而來的情緒狀態，而諮商的重點工作就是接納情緒是自己的一部分，可以改變的方式有哪些。

小博士解說

儘管有不同的介入策略，還是要看哪些適合當事人。有些當事人很理性，或許認知的方式較難有效果，不妨採用情緒或行為的介入較能收效；有些當事人在情緒抒發之後，可以採用行為介入，企圖讓其改變原有固著的思維；有些當事人只要提點不同觀點，就會有行動跟進，因此其宗旨還是在於哪一種介入對當事人較適合及有效。

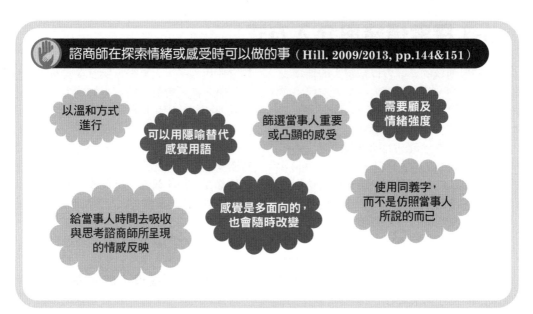

諮商師在探索情緒或感受時可以做的事（Hill. 2009/2013, pp.144&151）

以溫和方式進行

可以用隱喻替代感覺用語

篩選當事人重要或凸顯的感受

需要顧及情緒強度

給當事人時間去吸收與思考諮商師所呈現的情感反映

感覺是多面向的，也會隨時改變

使用同義字，而不是仿照當事人所說的而已

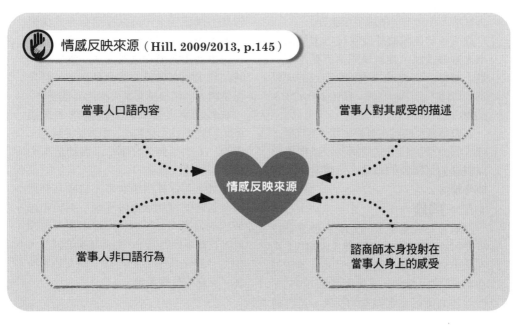

情感反映來源（Hill. 2009/2013, p.145）

當事人口語內容

當事人對其感受的描述

情感反映來源

當事人非口語行為

諮商師本身投射在當事人身上的感受

6-3 探索情緒與介入方式

一般傳統的諮商會以當事人的情緒表現為指標，倘若當事人在第一次與諮商師晤談過程中，出現自然的情緒流露（如哭泣），表示治療正式開始。

當事人在治療師面前表現出哭泣動作（一般認為是較為私己、脆弱的一面），表示其心防已經打開，願意開始接納諮商師，這也是諮商界認為「傾聽」與「同理」是入門磚的一大原因。

一、情感反映

明確地標示出當事人的感受，這些感受可能是當事人表明的，或是諮商師在諮商過程中觀察到的，可協助當事人「指出、澄清和更深入地表達感覺」，同時強調當事人「當下」的感受很重要。

此外，若使用情感反映技巧來鼓勵當事人宣洩情緒，在感覺開始流動（而不是「卡住」）、當事人也接受自己的感覺時，情緒才會開始宣洩（Hill. 2009/2013, p.140）。

在做情感反映時，最好使用「暫時性」或「假設性」的方式或語句，這樣才可以表達對當事人的尊重，也讓當事人有機會釐清。

二、同理

同理是站在當事人的立場去體會其感受及可能的想法，也就是進入當事人「內在的參考架構」。「同理的反映」不管是在哪一個助人階段，都是最重要的技巧。新手諮商師很注意同理的反映，但有時候會使用太多、太累贅，反而讓當事人不舒服，甚至會質疑諮商師的能力，因此同理心的使用可以用不同形式展現，而不是刻意表現出來。

諮商師不僅是以口語方式表達同理，其姿勢、表情等非語文訊息與口語所表現的都要一致。偶而只是在聽當事人述說時表情的自然流露（如泛淚的眼睛），也都在在傳達了諮商師是能夠站在當事人經驗去感受的表現，也就是同理已經成為諮商師的一部分。

三、聚焦在當事人的感受上

直接以開放性問句，如：「這樣的事情發生時，你有怎樣的感受？」讓當事人聚焦在其感受上，可以採用引導式探索身體與感受、放鬆訓練或冥想等方式，也可以使用完形學派的作法，讓當事人將注意力放在自己的某個動作上，而且盡量誇大，然後讓當事人描述其感受。

有些當事人對於感覺的詞彙不是很多，諮商師就可以用：「讓你覺得難過、傷心、不知如何是好嗎？」協助當事人標示與表達其感受。

另外，可以採用讓當事人想像某個情境、當時的可能感受做回應。對於年紀較小的當事人，不妨使用繪本或卡通裡的人物或事件做引子，協助其探索感受，如：「如果你是裡面的小珍，朋友都不理你，你會有什麼感覺？」

完形學派技巧整理（Haley, Golden & Nate, 2016, pp.210-212）

技巧	說明
聚焦在情緒 (location of feelings)	讓當事人直接體驗自己與感覺相關的身體感知。
面質與重建 (confrontation and enactment)	要當事人扮演不同的部分（如手、憤怒），面質自己舊有的習慣感受或表達方式。
空椅法 (empty-chair or two-chair)	協助當事人釐清角色、感受與想法。
繞圈子 (making the rounds)	在團體中使用，以釐清當事人的感受或想法。
夢的工作 (dream-work)	讓當事人將夢境帶到現場，甚至直接演出。
預演 (rehearsal)	釐清當事人的困惑，並讓其有能力做改變。
誇大練習 (exaggeration)	讓當事人將其動作誇大演出，去體會與了解自己肢體表現背後的感受。
小覷 (minimization)	與誇大練習相反，協助當事人去除讓自己弱小化或無自信的表現。
角色反轉 (reversal)	讓當事人扮演與其相對應的角色（如讓孩子扮演父母），可以看見自己真實的內在。
曝露明顯的動作 (exploring the obvious)	讓當事人覺察到自己的一些肢體動作與可能意涵，像是告訴當事人：「你知道自己在咬牙切齒地講這件事嗎？」
明示或翻譯 (explicitation or translation)	鼓勵當事人為自己非語言的部分（想像的或身體動作皆可）發聲。
扮演投射 (playing the projection)	讓當事人扮演其抱怨的對象（如不可信任的老闆），協助當事人覺察自己不願接受自己的部分。
讓內在小孩說話 (Let the little child talk)	諮商師獲得當事人允許，對著當事人之「內在小孩」說話，讓當事人的「成人」可以好好聆聽。
再說一次或「重複遊戲」 (Say it again or repetition game)	打破當事人習慣的表達方式（如不使用情緒字眼），不讓當事人與其感受或角色疏離。
我負責… (I take responsibility for…)	要當事人使用「我負責」的陳述句，要當事人認出且接納自己的感受與行為，並負起責任。
我有個祕密 (I have a secret)	協助當事人覺察自己隱藏不願意透露的羞愧與罪惡感等感受。
停留在那個感覺上 (Can you sstay with this feeling?)	不讓當事人逃避不舒服的感受。

6-4 探索情緒與介入方式（續一）

四、鼓勵當事人談感覺

當事人或許不會說到自己的感受，諮商師可以直接詢問其感受如何。一般人不太會將許多細膩的感受說出來，可能只是粗略地表達一下，像是「很氣」、「不知如何是好」等，諮商師可以協助當事人將可能的感受說出來。同時，諮商師本身亦要能夠感同身受，這樣更可以在當事人卡住、或是不知如何表達某些感受時，予以協助。

諮商師也可以自己表露情緒，示範給當事人看，此外也讓當事人知道他／她有這些感受是正常的。情感表露可以是當事人真實存在的感受、以假設語句呈現，或是諮商師自己處在當事人立場而可能有的感受，不要用「你／妳感覺」的確定語句，而是「我感覺」的句子（Hill, 2009/2013, p.155），如：「我感覺你好像覺得自己 hold 不住了。」另外，國人常常使用「我覺得」，但表達的卻是想法（如上例），也是可以注意的部分。

若是當事人不習慣直接說出感受的字眼，或是語彙尚不足（如年紀幼小者），也可以藉由遊戲、媒材或是隱喻（打比方）的方式，讓其探索感受與情緒，諮商師或許可以在一旁協助其說出情緒的字眼，同時也教育當事人如何正確使用情緒的語彙。

五、引導想像或催眠

治療師可以讓當事人閉起雙眼，在其放鬆的情況下，使用適當的指導語，協助當事人進行想像，想像的內容可以是圖像（畫面）、聲音、動作或味道，這些都可以引發當事人的五官感受。催眠亦可達到同樣的效果，是在放鬆、安全的情境下，讓當事人可以接觸自己的真實感受且不受批判，甚至體驗到「當感覺出現時，自己的身體會有什麼知覺」。

六、隱喻

對於無法真確形容自己感受的當事人，可以請其使用隱喻或打比方的方式說明，而諮商可以從其隱喻內涵中去猜測當事人的情緒，並將之表達出來，讓當事人可以確認。

隱喻可以「在經驗與話語間，搭起無遠弗屆的橋梁」，有助於當事人的洞察、了解，諮商師亦可藉此傳達其同理。然而，隱喻有其風險，若是當事人不了解，或文化特性不同（Magnuson & Norem, 2015/2015, p.82），就可能引發反效果。

隱喻可協助記憶、表達、打破僵局、減少威脅性，或評估當事人的治療進展（邱珍琬，2007，pp.346-349）。隱喻是用較間接的方式，協助當事人看見自己關切的議題或現狀，也較容易接受或理解（Siegelman, 1990）。

小博士解說

催眠需要有適當訓練之後才可採用，國內對於催眠技術沒有規範，只將其當作介入的媒介（如遊戲、繪本等）之一。然而，催眠可能引發當事人無法掌控的情緒或創傷，必須要特別謹慎。

該使用與不該使用情感反映的時機（Hill. 2009/2013, pp.151-152）

該使用時機

★ 諮商師與當事人有治療性連結。

★ 諮商師與當事人對於情緒處理有一致性。

★ 當事人正在逃避感受。

★ 當事人因缺乏感覺的覺察而有不適應行為。

★ 當事人需要處理創傷經驗時。

不該使用時機

★ 治療關係不夠堅固時。

★ 當事人因為嚴重情緒疾患、妄想或極度生氣，而被情緒淹沒時。

★ 當事人正處於嚴重情緒危機時。

★ 當事人有攻擊、崩潰、藥物濫用、自我傷害歷史，缺乏情緒處理能力。

★ 當事人強烈拒絕表達情感。

★ 沒有時間處理情緒時。

★ 諮商師缺乏處理情感錯亂之當事人的經驗。

 隱喻的功能

（邱珍琬，2007, pp.347-349）

可協助記憶 / 協助表達 / 協助打破僵局 / 協助評估當事人的進展 / 減少威脅性

＋ 知識補充站

隱喻所描述的東西或情境有其共通或相似性（Tompkins, 2004, p.13），因為隱喻是象徵性的，因此可以用一個元素的意義來替代另一個，可以用不同話語、故事、笑話、雙關語或想像等來表現（Lakoff & Johnson, 1980/2006）。

6-5 探索情緒與介入方式（續二）

七、角色扮演

當事人的情緒被引發，有時候是溝通不夠清楚或與他人有嫌隙在，也就是有另外一個人涉入，藉由讓當事人扮演對方的立場，可以讓其體驗對方的可能感受。像是覺得自己受委屈的女兒，或是霸凌他人的學童，或許很難理解他人的感受，以這樣的方式讓其體會或體驗，也許會有不同的想法。角色扮演也是訓練當事人同理心的最佳方之一。

八、自我揭露

諮商師分享自己的感受，可以引發當事人對自身感受的洞察，也更容易談論其感受。諮商師可以表達自己處在當事人立場時的感覺，也可以「示範」給當事人知道有那些可能的感受。

諮商師在與當事人互動的過程中，也可以了解或感受與當事人有關的重要他人的感覺（當事人在諮商場域也會呈現自己與他人互動的模式或習慣），因此有時候可藉著自我揭露的方式，拓展當事人的感受與思考。

九、現場觀察

讓當事人進入困境現場，觀察其情緒反應及表現。例如，陪同空曠恐懼症者到市場，在給予支持的同時，觀察其反應（Nelson-Jones, 2008, p.131）。

有時候，在諮商室裡談感受，還是有點不切實際，因此到現場去體驗，真實的情緒就會出現。

十、放鬆訓練

有時候當事人因為情緒太澎湃、負荷過重，可能無法正常表露情緒，這時候協助當事人練習一些放鬆動作是必要的，尤其是諮商師與當事人做「系統減敏」的因應焦慮練習時，放鬆練習與技巧是最先需要習得的能力。

放鬆訓練也可以做為當事人體驗與管理情緒的一個重要技巧，讓當事人學到覺察情緒與進一步的因應方式。當然，諮商師不要忽略當事人自己已經有一些因應壓力或情緒的技巧，有些可能效果有限，但當事人仍然持續使用，諮商師就可以教育當事人更多放鬆與情緒管理技巧，使其可以更因應得宜。

十一、冥想

「冥想」也是放鬆技巧的一種，而且可以更進一步讓當事人覺察自己的情緒，讓情緒過去，且更接納自己，也可以與內心更深處的自我有連結。

一般人不喜歡負面情緒，或是讓負面情緒停留太久，於是就採用逃避或抗拒（防衛機轉）的方式。然而，情緒是自我的一部分，否認了情緒就是否認了自己的一部分。「冥想」讓我們接受情緒是自己的一部分，沒有好或壞，且情緒會過去，不需要執著或擔心。藉由情緒的覺察（冥想），可以讓自己不受情緒的負面影響太多，而且對自己了解更深。

「冥想」可以先針對呼吸的吐氣與吸氣，感受到空氣在自己身體內的運作，接著會開始覺察到身體與情緒的存在，從而讓自己安定下來。

諮商師如何運用「自我」（邱珍琬，2007, pp.209-213）

做當事人的一面鏡子（反映當事人的真實面向）	做為當事人的楷模	可以傳達自己或他人的失敗與成功經驗
生命可以彼此交會、刺激成長	以自我做為治療工具	真誠互動，創造一個安全、自在的人際空間

諮商師的自我揭露可以達到的效果（Hills, 2009/2013, pp.239-240）

★ 以自己的相關經驗，來協助當事人了解自己沒有覺察到的部分。

★ 讓當事人在不具威脅的情況下，聽聽相關的經驗。

★ 可以讓助人關係的權力趨於平衡。

冥想活動示例

Step 1 找一個不受干擾的安靜空間，盤腿或不盤腿都可以，讓自己以輕鬆的姿勢坐下。

Step 2 閉起眼睛，專注在自己的呼吸上，可以提醒自己吸氣、吐氣。

Step 3 專注呼吸，感受到呼吸氣體在身體上的流動，從鼻孔到肺部，再從肺部到鼻孔，感受到暖暖的氣體，甚至是腹部的起伏。

Step 4 偶而不專注時，記得回到呼吸上，記得自己在呼吸時想到什麼。

Step 5 呼吸覺察之後，可以拓展其他感官的覺察，如嗅覺或聽覺，甚至到身體內在的感受，包括覺察到不舒服的部位，注意那個感受是愉悅、不快或中性的，也注意其強度如何，盡量不做情緒性的反應，就讓它這麼經過。

Step 6 停留在覺察本身，去看、去聽、去感受，讓它出現、停留與消失。

Step 7 不小心失焦時，立刻把自己拉回到當下。

6-6 **探索情緒與介入方式（續三）**

十二、夢的工作

許多學派都提到夢，精神分析視之為通往潛意識的康莊大道，阿德勒學派認為「日有所思，夜有所夢」，白天生活中發生的議題，會在夜晚的夢境中去找尋可能的答案。

一般治療師將夢境所示視為一種隱喻，可以用來透視或洞察當事人的內心世界或自我狀態。當事人被要求將夢境裡面的情況做詳細描述，看看有沒有重要議題浮凸出來，夢中不同元素的意義則是由當事人提供。從夢裡的象徵意義能揣測當事人的感受與投射，諮商師可以與當事人一起猜測或模擬。

完形學派治療師基本上不做夢的詮釋或解析，只是會將夢境搬到治療現場，讓夢境重現，也讓當事人扮演夢境中的特別角色，甚至讓當事人完成夢境未完成的對話，而夢中的每一個角色都被視為是自我的投射。治療師會讓當事人假想自己是夢裡的不同元素或角色，然後做實際扮演，也就是要當事人以「行動」方式來詮釋夢。

十三、挑戰和面質

諮商師使用適當的挑戰或面質，也可以協助當事人探索其情緒或感受，甚至更清楚自己的複雜感受，只是要特別注意態度宜溫和、尊重、不批判。如諮商師說：「你的經驗讓人聽了都覺得不忍，只是我很困惑的是，你在敘述時卻很平靜，說說你的真正感受。」「妳不喜歡男友總是會想跟其他女性搭訕，卻又覺得他很貼心，這兩者似乎有衝突。」但挑戰或面質也會引發當事人的情緒，可能就終止了探索，要特別留意。

若當事人情緒失控時

新手諮商師很擔心當事人情緒失控，卻又被教導要做適當的情感反映。

在當事人來求助時，通常已經是最後的手段，先前所累積的情緒在諮商師認可與理解之後，常常就會自然流露出來。當事人表現出啜泣或哭泣、顫抖等是很正常的，表示他們在治療師面前終於可以放鬆，而另一個意涵是被了解的鬆懈感。諮商師應該對當事人的行為會有一些預期或準備，倘若諮商師沒有這樣的準備或預期是不合格的。

當事人若有較激動的情緒出現時，治療師不必緊張，可以將面紙盒推到當事人伸手可及之處，或是說：「沒關係，這是很自然的。」（將當事人的表現予以「正常化」）「我會在這裡，等你準備好我們再繼續。」或是保持沉默；如果當事人已經上氣不接下氣，可以適當教導他做呼吸控制、安撫其情緒（注意，觸摸的動作要徵得當事人同意再做），要不疾不徐、口氣要平穩及和緩。

偶而會碰到當事人想要以行動方式發洩情緒，諮商室裡的抱枕或布偶就可以派上用場，有些年幼或女性當事人也會想抱著玩偶來舒緩情緒。

當事人情緒失控時，諮商師應該這麼做

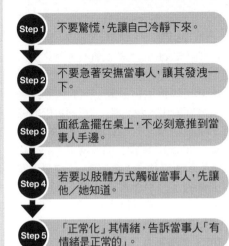

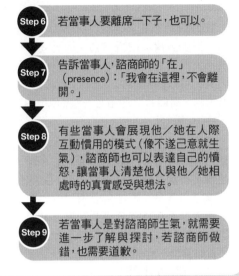

Step 1 不要驚慌，先讓自己冷靜下來。

Step 2 不要急著安撫當事人，讓其發洩一下。

Step 3 面紙盒擺在桌上，不必刻意推到當事人手邊。

Step 4 若要以肢體方式觸碰當事人，先讓他／她知道。

Step 5 「正常化」其情緒，告訴當事人「有情緒是正常的」。

Step 6 若當事人要離席一下子，也可以。

Step 7 告訴當事人，諮商師的「在」（presence）：「我會在這裡，不會離開。」

Step 8 有些當事人會展現他／她在人際互動慣用的模式（像不遂己意就生氣），諮商師也可以表達自己的憤怒，讓當事人清楚他人與他／她相處時的真實感受與想法。

Step 9 若當事人是對諮商師生氣，就需要進一步了解與探討，若諮商師做錯，也需要道歉。

 對於抗拒的處理（Corey, 2001, pp.56-57）

★ 將其視為治療過程裡的一部分，可能是當事人尚未準備好處理此議題。

★ 協助當事人去釐清抗拒的表現。

★ 治療師必須了解：在諮商初期，當事人會有一些防備與抗拒是很自然的。

★ 要了解當事人的抗拒有許多意義，不要只將當事人的抗拒「個人化」為自己無能的表現。

★ 鼓勵當事人去探索不同的抗拒行為，而不是要求他們放棄抗拒。

★ 治療師以「暫時性」的方式或用詞，說明自己的觀察、直覺與解釋，而不要做專斷的陳述或結論。

★ 避免標籤或批判當事人，而是採用描述行為的方式進行，讓當事人知道他／她的行為影響到你／妳了。

★ 要分辨清楚到底抗拒是出自當事人，還是治療師本身對於當事人的抗拒反應。要監控自己的反應，以免讓當事人的抗拒更強烈。

★ 以正向的態度面對抗拒。

★ 允許當事人表達他／她對你／妳這位治療師的不良經驗或感受，也許詢問他／她要以怎樣不同的方式進行較自在。

★ 讓當事人知道你／妳會怎麼做，以達成真正的「知後同意」，讓當事人可以充分運用諮商這個協助管道。

★ 讓當事人知道諮商有其缺點，也許在剛開始時並不順遂，但是彼此都可以從中獲得許多學習。

★ 與當事人盡量達成問題或諮商原因的一致陳述，讓彼此有共識，然後盡量用可以處理的小步驟，慢慢解決問題。

6-7 探索認知與介入方式

我們對於自己許多既存的思考或想法，很少去探索或覺察到，而諮商師提供不同的角度與觀點，是很平常的介入方式，可以讓當事人有不同的觀察與思考方向，有時會有像靈光一閃的頓悟。

一、重述

讓當事人可以清楚敘述其所說的重點，也讓當事人了解諮商師用心在聽，並讓其有機會釐清不清楚之處。重述也可以協助當事人整理自己所說的內容，許多當事人在聽過諮商師的重述之後，都會更清楚自己的思緒或想法，甚至有了新的洞察、解決方式及嘗試。

二、開放式問句

使用開放式問句是最容易讓當事人說故事的方式，但不要只是以制式方式為之，而是要有一些變化，非必要時也不要常問「為什麼」。諮商師以開放式方式與當事人對談，不預設一些限定的答案，可以讓當事人做更完整的敘述，同時也讓當事人有機會重新思考與整理自己的經驗。

開放性問題可以是鼓勵當事人探索（如「你今天想要從哪裡開始？」）、探索對於諮商的期待（如「你希望諮商後有什麼改變？」）、探索不同部分的問題（如「這個經驗對你的影響是什麼？」）、將問題變成要求探討的方式（如「可以多說一點你對這件事的想法嗎？」）、鼓勵澄清或聚焦（如「你指的是？」）、鼓勵想法與情緒的探索（如「你當時想說的感受是什麼？」），及要求舉例（如「你擔心說錯話，在哪些場合會如此？」）等型態（Hill & O'Brien, 1999, pp.111-112）。

三、回饋

回饋（feedback）與挑戰有重疊之處，但回饋不會指出當事人的不一致之處。治療師可以提供自己觀察到的線索或體驗，最好使用「我訊息」、正向具體的陳述，也讓當事人有機會做反應（Nelson-Jones , 2005）。回饋有助於當事人的自我效能感，可以給予「肯定性」（當事人做對或做到了而給予肯定）或「矯正性」（當事人走偏或做錯時）的回饋（Egan, 2002, p.302）。

四、空椅法

「空椅法」必須要在治療關係建立後採用，要不然即便已經做了說明，還是會引起當事人的不自在或焦慮。將當事人的「內在對話」或真實情況帶到現場來，讓當事人可以在「當下」將那些對話做演練並表達出來，就可以更清楚地檢視這些想法與感受。

「空椅法」是以想像方式為之，但有具體效果，可以讓當事人有更多的思考角度，或更清楚自己的想法與感受，大多用來處理人際間或個人內在自我的議題。

通常是擺一張空椅在當事人對面，請當事人與其對話，空椅可以代表當事人本身的內在自我、另一個我（如在商議或做決定前的自我對話），或是當事人的重要他人，讓當事人有機會將心中真正想要表達的想法與感受說出來，有情緒宣洩之效，也可讓當事人經由這樣的演練，更清楚自己的情緒與思路。

摘要或重述的功能（Kottler & Brew, 2003, p.136）

 讓當事人知道治療師有用心仔細聆聽。

可以檢視治療師所聽內容的正確性。

協助當事人聽到自己所說的內容，特別是一些主要議題。

協助治療師主動地投入與當事人治療的對話中。

讓討論進入到更深層，內容更有深度。

鼓勵當事人持續往特定的方向前進。

 摘要可使用的時機（Culley, 1991, pp.45-46）

讓諮商更往前進一步

釐清內容與感受

列出優先次序與重點

摘要可使用的時機

將諮商中所談做一次回顧

在新一次的晤談時使用（如摘要上次晤談的重點）

在每次晤談結束時使用

 開放性問題使用原則（Hill & O'Brien, 1999, p.114）

言簡意賅

避免問「為什麼」的問題

避免一次問太多問題

避免使用閉鎖性問題

焦點放在當事人身上

焦點放在目前而非過去

6-8 探索認知與介入方式（續一）

五、立即性

治療師揭露自己在諮商現場所觀察、感受到的，包含對當事人與治療關係的看法與感覺，著重在「此時此刻」，可以用「自我揭露」（諮商師表露個人感受、反應，或對當事人及與他人關係的經驗），或是「挑戰」（用來面質當事人在治療關係中的議題），或是提供資訊（當事人行為模式）的方式來呈現。

「立即性」是以客觀描述方式進行，不帶有批判成分，其功能可以檢視諮商關係、促進當事人的參與動機、引發更深入的探索等。

因此，「立即性」可視為諮商師自我揭露的一種，同時也可以是挑戰、提供訊息的方式（Hill, 2009/2013, p.251）。不管治療師使用哪一種介入方式，都需要留意當事人的反應，以採取適當的介入策略（Hill, 2009/2013, p.168）。

用「立即性」來檢視當事人的人際關係，也是諮商師使用在探索或洞察階段的重要技巧。一般說來，當事人會將與他人的互動情況，也展現在治療關係中，像是諮商師老覺得當事人說話時常常欲言又止或經常道歉，也可以立即性方式指出：「我不知道你在日常生活中，是不是也像這樣，想說出自己的想法，卻又擔心別人對你的看法？」諮商師從自己對當事人的反應裡，了解他人對當事人的可能反應，這些覺察可以協助當事人更了解自己，以及自己對他人的影響（Hill, 2009/2013, pp.253-254）。

使用立即性技巧時，要注意：可能擔心冒犯或讓當事人生氣。有些諮商師可能不相信自己的感覺，或認為這樣直接討論治療關係很可怕，或使用立即性來滿足自己的需求（容易造成負面結果），都是需要注意的（Hill, 2009/2013, p.258）。

六、幽默

諮商師的工作之一，是提供當事人不同的觀點或角度思考，除了運用「重新架構」（reframing）的技巧之外，還可以適度採用幽默的方式「提點」當事人，像是：「你說不去接姊姊就糟透了，姊姊會在原地凍死還是怎麼樣？」採用時，要顧及與當事人的關係、當事人的性格是否能接受，以及雙方是否皆認定其為幽默。

七、開立處方

開立處方是刻意讓當事人表現出不想要的行為，甚至以誇大行為的方式來凸顯該行為無效或無用。

將開立處方的方式以矛盾意象法的方式呈現，可以造成治療上的「雙綁」（double bind）效應，也就是當事人若遵循指示則會增加其焦慮，事實上也讓其對此焦慮有掌控感。在當事人發覺自己對情緒有掌控感的同時，也能夠了解自己是可以掌控行為或徵狀的（Hackney & Cormier, 2009, p.227）。

像是要求睡不著的當事人在無法入睡時起來做事，或是讓強迫症者規律進行強迫行為兩分鐘。然而，矛盾意象法的使用，需要在治療關係穩固、不傷害當事人的前提下進行。

諮商師運用立即性（Magnuson & Norem, 2015/2015, p.68）

對當事人某個特殊行為做反應

與當事人討論諮商關係

諮商師運用立即性

邀請當事人檢視諮商效能

與當事人討論晤談過程中的對話互動

 立即性的類型（Hill, 2009/2013, pp.251-252）

詢問關係	我想知道你對於今天晤談的反應如何？
諮商師陳述對當事人的反應	我覺得今天與你有很深的連結，你覺得呢？
公開所掩飾的事物	你今天一直看手錶，我想知道你是不是急著離開？
強調治療關係與外在關係的連結	你說沒有人了解你，我很好奇你是不是也認為我不了解你？

 使用幽默時應避免的事項（Haig, 1988, pp.173-174）

讓當事人覺得諮商師不重視自己的問題。

幽默是挑逗或敵意的表現。

當幽默被用來否認、壓抑或退縮的藉口時。

治療師將嘲諷當作幽默，傷害了當事人。

自戀型諮商師用來炫耀自己的能力或聰明。

6-9 探索認知與介入方式（續二）

八、挑戰或面質

挑戰（有時稱「面質」）往往是新手諮商師最不善於使用的，因為怕得罪當事人或是擔心當事人不再找諮商師做治療。然而，這也提醒了治療師：運用挑戰與面質的時機，通常**是治療關係建立之後**，就如同好友之間隨著彼此交誼更深，就可以慢慢說實話，甚至是對方的缺點與需要改進之處。挑戰可澄清顯而易見的不一致之處，凸顯不一致可增加當事人之覺察、促進改變，或催化反思與內省（Magnuson & Norem, 2015/2015, p.78）。

面質是以描述行為的方式進行，將諮商師所觀察的「不一致」以「暫時性」的方式說出來，讓當事人了解，像是當事人所說的與臉部表情、價值觀與行為、目標或渴望及行為、言行間的不一致，邀請當事人一同來探索這些矛盾的想法或感受（Magnuson & Norem, 2015/2015, p.74），像是：「在提到你與父親之間的爭執時，你似乎沒有太多情緒的表現。」（內容與表情的不一致），或是「之前你提到姊姊是你倚賴很深的人，但過去兩次的談話中，姊姊這個角色好像消失了，是怎麼一回事？」挑戰是帶著善意、以溫和的態度來進行，而不是挑釁當事人或指出其錯誤。在進行面質之前需要注意：確認、觀察及發現當事人有混淆的訊息、不一致等衝突，指出不一致處並一起解決，評估改變的可能性與結果（Ivey & Ivey, 2008, pp.132-136）。

使用挑戰技巧的注意事項（Hill, 2009/2013, pp.208-210）：（一）讓當事人面對挑戰時感受到被支持，不覺得被攻擊；（二）諮商師需慎選措辭與呈現挑戰之方式；（三）使用挑戰時要小心、仔細、溫和、並尊重當事人，以嘗試性、體貼的方式進行，與同理心一起使用；（四）諮商師採用懷疑而非敵意態度，指出自己的困惑；（五）諮商師不批判，鼓勵當事人可以更深入地檢視自我；（六）挑戰需要在當事人出現不一致時盡快提出，若時間延宕過久，當事人就無法理解諮商師在說什麼；（七）挑戰須注意文化問題，先呈現正面觀點較佳；（八）挑戰的需求因當事人處於不同改變階段而不同；（九）諮商師要注意與詢問當事人對於挑戰的反應。

九、限制治療改變

許多當事人在發現自己有能力做改變時，會急著持續改變，但是很容易就失敗或遭遇困難，此時治療師可以「限制」其改變，讓當事人將步調緩和下來、增加自己的掌控感，同時也防止其復發到之前的情況。像是離婚女性急著恢復單身的自由生活，就開始約會，然而這樣做可能會有當事人未預料的情況產生（如太早建立與他人的親密關係，或陷入之前婚姻失敗的陷阱），因此治療師可以拉她回來一下，避免失敗或太樂觀（Hackney & Cormier, 2009, p.228）。

挑戰的目的（Hill, 2009/2013, pp.206-207）

提升當事人對其議題、想法與感受的覺察。

協助當事人認出自己未覺察到的感受、動機與欲望。

協助當事人從不同角度看問題，鼓勵其為自己負責。

挑戰 *Challenge!!*

讓當事人知道自己模糊的感受、發掘其想法。

讓當事人承認不一樣的，或更深刻的感受。

協助當事人覺察其防衛，並決定使用防衛的多寡。

 面質的模式（Berg, Landreth, & Fall, 2006, p.70）

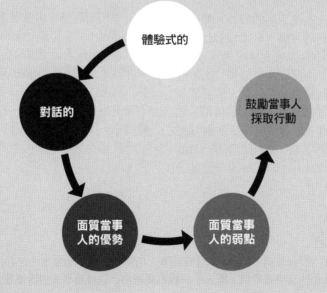

6-10 **探索認知與介入方式（續三）**

十、堅持立場

治療師可以在面對自我意象很差，或不敢表示自己意見的當事人時，使用其習慣運用的負面評價為操弄工具（如讓他人阻止或憐惜），以誇大其負面自我的方式，讓當事人來反駁並捍衛自己的立場，藉此改變當事人對自己的看法，也就是不落入當事人所預設的圈套中。

使用這樣的方式有其危險性，因為當事人可能會認為諮商師落井下石、攻擊與汙衊自己，因此若對當事人不了解，最好不要貿然使用。

比較緩和的方式，是採用「肯定訓練」或「破唱片法」（堅持立場，但也納入對方的觀點），或是以角色扮演的方式，協助或指導當事人如何表達自己的情緒或想法。

十一、解釋

使用解釋是「超越當事人所陳述或承認的內容，並為個案的行為、想法或感覺，提供新的意義、原因或解說，讓個案能以新的角度來看自己的問題」，其採用方式如：讓彼此看似獨立的事件有連結，指出當事人之行為、感受或思考的主題或形態，讓當事人的抗拒、防衛或移情明朗化，提供當事人了解其行為、想法、感受或問題的新架構（Hill, 2009/2013, p.224），如：「你說自己是一

個搗蛋鬼，但是我聽起來怎麼像是一個解決問題的人？」

「解釋」通常是在諮商師對當事人有相當了解之後才使用的技巧，因此可以更清楚當事人關心議題的脈絡與其內在參考架構，其目的就是讓當事人對於自己與問題會有新的了解或洞察。

十二、提供訊息或建議

諮商師常常是提供資訊的角色，有時候是因為當事人的資訊不正確或被誤導，有時候是因為當事人缺乏相關訊息，因此提供訊息或是相關資源、出處，都可以讓當事人有明確訊息，做更佳判斷。

一般說來，不會鼓勵治療師太早給當事人建議，因為一來容易讓當事人感受到自己是無能的，二來容易造成當事人的依賴，這其實違反了諮商助人的基本——協助或培養當事人解決問題的能力。

新手諮商師為了讓當事人盡快解決遭遇的問題，或讓當事人目睹諮商之療效，可能就容易陷入給建議的衝動。原則上，除非當事人要求，或是給建議會促使當事人行動，諮商師就可以考慮。通常，不是當事人要求的建議，若當事人不願意遵循，治療師可能會認為當事人不想改變或承擔責任，反而容易破壞諮商關係。

小博士解說

協助當事人「堅持立場」，可以採用與當事人相反的立場、與當事人站在同一邊，或是讓當事人站在不同立場或角色，闡述不同觀點或理由，訓練當事人的膽量及清楚表達自我的權利。

使用解釋的理由與方式（Hill, 2009/2013, pp.224-226,233-235）

使用解釋的理由與方式

理由

協助當事人參與治療工作。

帶領當事人到更高的經驗層面。

讓當事人自由聯想。

提供當事人一個概念架構，助其解釋與克服問題。

協助當事人對於模糊、不清楚的訊息或情緒，有清楚的認識或標示，提升其安全感或自我效能。

刺激洞察，將潛意識意識化，引導當事人有合乎現實的感受與行為。

方式

在治療關係穩固之後進行。

先讓當事人為自己的問題或行為做解釋。

諮商師給予溫和、暫時性的解釋。

提供解釋時，可採用直接陳述、暫時處理，或透過問話。

不提供當事人認知能力所不能及的解釋。

用試探性的語氣陳述。

若是諮商師與當事人一起合作進行解釋，雙方對問題有新的理解，其效果更佳。

諮商師可將解釋延伸至其他不同情境，協助當事人獲得更多了解。

諮商師在獲得更多資訊之後，可修正解釋。

第7章
選擇與開啟介入方式
──各重要學派介紹

學習目標：

　　諮商是以科學理論為基礎的助人專業，展現的是人性與藝術的技巧及方式，因此需要紮實的理論知識。本章針對幾個基本取向的學派與技術做言簡意賅的介紹，務期讀者對於諮商師如何看問題、定義問題與處置方式有初步的了解。

7-1 諮商師的介入方式與理論取向

諮商師的介入方式

當諮商師了解當事人的諮商目標，並建立信任關係後，就要進一步根據當事人的需要做介入策略（或處置方式）。其實，從當事人進入諮商室開始，諮商師就已經開始做介入，包括讓當事人了解諮商的功能、當事人及治療師擔任的角色、當事人與諮商師可以做些什麼以及有怎樣的期待等。

只要有介入，基本上總是比不介入或不處理要好，但因為諮商是助人專業，還需要考量到最基本的「不傷害當事人」，進一步才是為當事人謀求福利。這也是提醒諮商師在選擇介入或處置方式時，需要先思考治療目標，接著才是思考介入的方式與技巧，而每一個介入的方式或技巧背後，都要清楚了解其目的與理論基礎為何，而不是隨意濫用。「幫助孩子把他們所知道的，**轉譯**成可以幫助他們達成目標的計畫」（Kottler & Kottler, 2007/2011, p.31）就是將想法付諸實現的階段，也就是行動改變階段。

本章會將重點放在不同理論取向的介入方式與技巧，除了之前介紹的諮商基本技巧外，諮商師亦可依據自己的核心理論，以及對當事人的個案概念化等先備知識，適當地運用不同取向或學派技巧，來協助當事人。

諮商師需要有理論為後盾

諮商師不是使用技巧的匠工而已，而是要有熱誠支持，更重要的是有核心理論為後盾，理論不僅決定了諮商師蒐集資料、定義問題的方式，連帶也影響著接下來所做的介入或處置動作。沒有核心理論的治療師，無法帶領當事人往建設性的方向，若與當事人晤談超過三次就可能不知接下來要怎麼做，這也是一般「準專業人員」（未接受專業助人訓練者）的最大困境。忽略理論的重要性，就容易只以個人經驗給予處置或灌輸想法，容易造成當事人的危險（Magnuson & Norem, 2015/2015, p.101）。

諮商理論決定了治療師諮商歷程的個人化，諮商師雖然有自己的核心理論，但不應以核心理論為主要，也要熟悉與整合其他理論，因為不同的當事人需要不同的處置方式。諮商原本就是要符合「客製化」的原則，面對不同階段或當事人可以彈性運用適當的理論。即便有自己的核心理論，也要隨時更新最新資訊，將研究結果與實務納入治療。

如何建構自己的核心理論？Richard Watts（1993, cited in Magnuson & Norem, 2015/2015, pp.105-110）有以下的建議步驟：一、探索個人價值觀與重要理論；二、檢視一或兩種理論；三、統整；四、個人化。

Hill（2009/2013, p.31）提出人格構成三大要素為「情緒」、「認知」與「行為」，這三個元素彼此互相影響，只要從其中一個元素開始做處理，就會影響其他的兩個元素，因此不同的諮商理論與處置，基本上也是從這三方面下手。

不同理論取向的世界觀、人性觀，及對問題與解決方式的看法皆不同，讀者對於諮商理論有興趣者，可去閱覽與深讀相關理論書籍，自然會更清楚其理念與應用。本章會就不同取向的主要概念與介入方式做簡單介紹，期待讀者可以一窺其梗概。

情緒、認知與行為的關係與介入　三者彼此影響，只要從其中一項做改變，就可能牽動其他向度的改變。

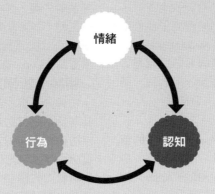

 不同學派的介入方式與技巧（Hackney&Cormier, 2009, p.160）

技巧	情緒取向	認知取向	行為取向	系統取向
學派	★ 人本中心 ★ 完形 ★ 身體覺察治療 ★ 心理動力治療 ★ 體驗式治療	★ 理情行為治療 ★ 貝克的認知治療 ★ 溝通交流分析 ★ 現實治療	★ 操作制約 ★ Wople的反操作制約 ★ 社會學習論 ★ Lazarus的多元模式治療	★ 建構治療 ★ 策略家族治療 ★ 代間系統治療
技巧	積極傾聽 正向關懷 真誠 覺察技巧 同理心 空椅法 想像 夢的工作 生理回饋 自由聯想 移情分析 夢的分析 專注技巧	ABC分析 家庭作業 反制約 閱讀治療 媒體作業 腦力激盪 找出可行之道 重新架構 自我圖 腳本分析 問題定義 釐清交流次序 教導 矛盾意象法	引導式想像 角色扮演 自我監控 行為契約 肯定訓練 社會技巧訓練 系統減敏法	次系統講解 糾結與僵固界限 三角關係、同盟 與聯盟 角色重建 矛盾意象法 家族圖分析 定義界限 改變三角關係

7-2 心理動力取向理論：精神分析學派

諮商理論主要是：一、解釋人們為何有時活得很有生產性、有時沒有；二、在需要改變時，人們如何改變了他們的生活（Hackney & Cormier, 2009, p.150）。不同理論對於人性、遭遇問題與處理方式，都有不同的角度與涉入，而每一個學派都可以對某些當事人有療效。

心理動力取向

包含佛洛伊德（Sigmund Freud）的精神分析（psychoanalysis）、客體關係、自體心理學派與阿德勒（Alfred Adler）的自我心理學派。

心理動力（psychodynamic）取向相信人類基本上是受到本身生理驅力與早期經驗的影響，潛意識的動機與衝突影響了目前的行為，這些心理的力量（psychic forces）是非常強烈的，甚至讓我們以為是天生的衝動使然。

傳統的心理動力理論，以佛洛伊德為代表，強調人的衝動主要是由性慾與攻擊所主宰，但是後起的「新精神動力學派」（或「新佛洛伊德學派」），則加入了社會與個人化〔成為「全人」（whole person）的過程〕因素，也就是不以「生理（物）決定論」為指標，雖然兩者還是強調早期經驗的重要性（Halbur & Halbur, 2006）。

心理動力取向的治療理論是許多諮商理論的先驅，許多理論也是從這裡開始衍生的，強調當事人的「頓悟」（或「洞察」），因此潛意識與早期經驗就是其治療重點（Corey & Corey, 2011）。

精神分析學派

精神分析學派的創始者是佛洛伊德，其理論奠定了諮商與心理治療的基礎。佛洛伊德認為，人的行為都是由內在力量所引發、決定的，主要是受到性慾與攻擊驅力的驅動，而這些驅力基本上不是在我們意識之內可以察覺的（Lemma, 2007），因此他也被稱為「決定論者」。

佛洛伊德將「心靈」（psyche）分為三個層次，彼此共通，它們是：一、「意識」（conscious），在當下我們所覺知的；二、「前意識」（preconscious），當下無法覺知，但很容易經由努力就提升到意識層面；三、「潛意識」（unconscious），占了心靈的九成，我們大部分的行為是由自己無法知覺的力量所引發，特別是那些有威脅性或傷痛的素材，很容易讓我們將其排除在意識之外，或是經由「偽裝」方式進入意識層。

治療目標是將「潛意識」變成「意識」，因此就是將「潛意識」變成「前意識」（當事人也許知道，但是沒有說出來的）。

新佛洛伊德（精神分析）學派

學派

楊格的分析心理學
(Jungian analytic therapy)

說明

楊格同意佛洛伊德所說的「驅力」(physical drives)，相信人是受「慾力」所影響，但是楊格不同意佛洛伊德的性慾與攻擊說，而是將慾力視為創意的生命力量，所以他相信人基本上是有意識地朝向「個別化」(individuation)發展，也就是希望追求完整(wholeness)與協助自我(the self)的展現。

學派

心理動力治療
(psychodynamic therapy)

說明

修正並改良傳統費時的精神分析，或稱為「短期心理動力治療」(brief psychodynamic therapy)，主要將「心靈」（心理／情緒／靈性／自我）視為一個主動、非靜態的實體，關切的是當事人的性心理、社會心理，與客體關係發展對個人的影響，也重視潛意識的過程，將過往的關係在治療關係中重建起來，治療次數通常在10到25次之間。

學派

自我心理學派
(ego psychology)

說明

是修正佛洛伊德學派的代表。反對佛洛伊德強調父權，強調文化與環境對於人格形塑的力量，認為應該將人放在脈絡中來了解，著重人際及與主要照顧人的依附關係。

學派

客體關係理論
(object relations)

說明

特別強調治療關係，想要提供個體內在與人際關係理論（與治療）之間的橋梁。強調人之內在與他人的關係，而過去關係的「殘留」，對於個人目前的人際關係有重要影響。

學派

自體心理學
(self psychology)

說明

認為心理疾病其實就是「自體（我）」(self)的困擾，而更嚴重的可以追溯到早期母親－嬰兒關係的困擾；強調人格形成與「客體」表徵（即內在心象）及人際關係的重要性。

7-3 心理動力取向理論：精神分析學派（續一）

精神分析學派（續）

佛洛伊德理論中很著名的是「移情」觀念，後來延伸出「反移情」，談的是治療關係與治療重點。「移情」在許多關係中都會發生，是指當事人把過去對生命中重要人物的情緒或想法「轉移」或「投射」到治療師身上，將治療師當成那些重要他人（如父母、愛人），自由發洩其情緒。「移情」也可視為是當事人將過去的關係拿到當下的脈絡裡呈現，治療現場就成為「現場實驗室」，但「移情」基本上是扭曲的。

「抗拒」是一種無意識地扭曲事實，藉由自動化與習慣性的反應，來減少情緒上的痛苦與衝突。一般在治療上，會將「抗拒」視為無助於治療效果的行為，有不同的表現方式（有些觀察得到，有些不能），但是抗拒有其目的，是可以用來逃避改變時所必須付出的痛苦代價。

治療師必須先處理當事人的「抗拒」，因為抗拒是阻止當事人進入潛意識的障礙，也就是當事人不願意將以往壓抑或否認、具有威脅性的素材，浮現到意識層面（Corey, 2009），因此必須先加以處置，進一步才可以做問題解決的處理。

佛洛伊德創發了「夢的解析」、「自由聯想」或運用催眠等方式，其目的就是讓「潛意識」現出原形，而在當事人明瞭自己行為背後的潛意識欲望或動機後（有了「洞察」），就可以在未來做更妥當的選擇（Lester, 1994）。

精神分析學派的治療技術，通常需要學習相當的時間，才會被認可使用。較傳統的精神分析師都是醫學系畢業，接受分析治療一年或更長的時間，然後才可以正式進入學習過程，一般會有催眠的訓練，因為佛洛伊德也使用催眠為當事人做治療。治療的目的，通常是提升當事人的覺察，進而催化其洞察（讓當事人對自己有新的認識）、處理治療關係所隱藏的可能議題（如抗拒、移情與反移情），然後才結束治療。

精神分析學派治療技術

一、自由聯想（free association）

運用「自由聯想」，可以通往潛意識的希望、幻想、衝突與動機之門（Corey, 2009），佛洛伊德認為「自由聯想」是精神分析的「基本規則」。其進行方式是不限制當事人要說的話題或內容，而是想說什麼就說什麼，治療師就可以慢慢蒐集資訊、更了解當事人，以為後續的詮釋之線索。

小博士解說

佛洛伊德的精神分析治療以「自由聯想」與「夢的解析」為治療工具，協助當事人「修通」抗拒與移情，做適當的詮釋，當事人獲得頓悟之後，就會產生改變。

佛洛伊德的人格結構與發展

人格結構

「本我」
(id)

說明

在潛意識裡運作，是出生時就存在，是生理動力（psychic energy）與直覺的來源，主要是性慾與攻擊。

功能

維持有機體在一種「無緊張」的舒適狀態，所依據的是「快樂原則」，基本上是要滿足人類生存最基本的生理需求，需要立即處理或滿足，如餓、保暖、睡眠與性。

人格結構

「自我」
(ego)

說明

在嬰兒出生後六個月大時出現，可以忍受需求未滿足的緊張、延宕需求，它基本上是人格執行者，因為它可以管理與控制本我及超我，同時維持與外界的互動。

功能

所依據的是「現實原則」，主要功能是協調「本我」與「超我」之間的平衡，以有限的資源來因應人類的社交世界，也可以延宕嬰兒的需求，它不僅要協調本我與現實的要求，還要考慮到超我強制的限制。

人格結構

「超我」
《superego》

說明

在兒童三、四歲時成形，可以不依賴外在要求或威脅而評估自己行為，是父母與社會價值的內在代表，有「良心」與「自我理想」兩個面向。超我代表的是人格道德、社會與正義的部分，會將父母的標準同化進來。

功能

依據的是「道德原則」，企圖想要達到完美、道德目標，其功能為阻止本我追求快樂的衝動，勸導自我遵循道德原則。

7-4 心理動力取向理論：精神分析學派（續二）

精神分析學派治療技術（續）

二、夢的解析（dream analysis）

佛洛伊德認為夢是通往潛意識的最佳途徑，夢除了有視覺影像與心理經驗之外，對於個人也有其象徵性意義，可以用來了解潛意識的願望、防衛機制的檢視，以及與清醒時的事件做連結。夢可以用來實現自己的願望、允許潛意識的衝動被表達出來，以及使潛意識的威脅在顯夢（是指當事人記得夢境的內容）中，成為可以被覺察的意識。

楊格的分析學派將夢分為「小夢」（little dreams）與「大夢」（big dreams），前者來自個人潛意識，常常反映日常生活的相關活動，後者是未知的潛意識素材，常讓個體終生難忘。此分析學派對夢的解析不同於佛洛伊德，因為佛氏將夢視為潛意識被壓抑的結果，楊格則是以現象學的觀點看夢，認為夢代表著潛意識以象徵的方式傳輸訊息給作夢的當事人，而夢可能提供複雜問題的簡單解答；如果夢是來自潛意識，解析時就是企圖去了解夢所代表的意義，以減輕潛意識投射而造成當事人的困境；此外，夢也可能反映了心靈的自我修復。

三、解釋與分析移情（interpretation and analysis of transference）

「移情」是將潛意識內容以意識行為表現的主要過程，在精神分析治療中是很重要的，而治療師必須要在蒐集足夠的資料之後，才有可能做解釋。這些解釋可以讓當事人了解到目前自己的行為與過去的衝突，或是潛意識之間的關連（Corey, 2005），治療師必須要運用當事人所接觸的事物與重複性，來發展對其當事人的意義並形成解釋。「詮釋」（或「解釋」、「解析」）是精神分析治療很重要的步驟，主要是將當事人所說的內容與其隱藏意涵，以清楚的言語說出，讓當事人了解其內容、動力，以及與其他經驗的關連。

四、修通抗拒

修通「抗拒」是技巧，也是佛洛伊德學派的治療目標，廣義的「抗拒」指的是任何妨礙治療進展，不容許當事人接觸先前潛意識的素材（Corey, 2009, p.76），因為「抗拒」是不允許潛意識裡那些不見容於社會的東西出現，也包括如何處理與經營在當事人移情或生活裡「重複出現」（重複性）的意義。治療關係也是修通抗拒的重要因素，雖然沒有人會完全放棄抗拒，治療師與當事人也要明白舊的抗拒可能會重現，但是至少彼此的態度會較為自在（Barnstein, 2009, p.113-115），如果處理得當，「抗拒」就可以成為了解當事人最有價值的工具之一（Corey, 2009, p.77）。

小博士解說

夢有「顯性」（manifest）與「隱性」（latent）內容，前者是指當事人記得夢境的內容，後者是由潛意識的思想、希望、幻想與衝突所組成，以顯性內容為偽裝，因此經過「凝縮」（將許多夢的要素以凝聚方式呈現在一個畫面或人物上）與「轉移」（將重點置換為無關緊要的形式）的過程，因此治療師也必須了解許多夢境裡的「象徵物」代表的意義是什麼。

典型的抗拒行為（Corey, 2001, p.49; Corey & Corey, 2011, pp. 112-118）

★ 非自願當事人常出現抗拒行為。

★ 忘記諮商時間或常常遲到。

★ 諮商開始時，不知道要說些什麼。

★ 說一大堆無關緊要的事。

★ 抱怨諮商沒有用。

★ 沉默或是心不在焉。

★ 諮商師給予回饋時，表現得很防衛。

★ 將許多事件「智性化」（intellectualized，就是只做理性的解釋或反應）。

★ 以情緒為掩飾，或避免情緒的表現。

★ 努力想要討好治療師。

★ 常常說得很抽象、不具體。

★ 過度依賴諮商師或否認需要協助。

★ 總是表現出「是啊，可是……」的態度。

★ 表現出「被動－攻擊」（就是以間接方式傷害他人）行為。

 藉由解析抗拒來認出移情的現象

此時此地(here-and-now)的解析	運用治療情境的各層面，來協助當事人看見自己對治療師的特別反應。
目前生活（contemporary life）的解析	協助當事人看見自己對治療師的態度，及其與他人互動方式的相似性。
起源（genetic）的解析	協助當事人看見自己對治療師的感受，與自己過去對他人感受的相似性。

7-5 心理動力取向：客體關係與治療

客體關係（object relations）理論認為人會努力與他人保持聯繫，有與他人互動的需求，也在與他人互動的過程中形塑自己，因此強調人際關係與自我概念。客體關係指的是親密關係中的一套認知與情感歷程，而個人的發展與「個別化」主要視其早年關係的情況來決定。客體關係理論特別強調治療關係，想要提供個體內在與人際關係理論（與治療）之間的橋梁，其源自於精神分析學派。

「客體」（object）原本是佛洛伊德所指的個體將他人內化的方式來滿足自己的需求，是指滿足個體需求的他人、目標或事物。客體關係理論強調人的內在與他人的關係（intrapsychic relationship with others），其比重較之溝通交流分析學派更多，而過去關係的「殘留」（residues）對於個人目前的人際關係有重要影響。因此，我們會因為目前所面臨的問題而從過去找理由，會從早期與父母互動而內化的客體關係中，來印證我們目前的關係。

客體關係理論的學者會探討個人早期心理建構〔自我、他人（或客體）的內在形象〕的形成與區分，以及這些內在架構如何彰顯在人際關係之中。在人際關係中，個人不只是與實際的他人在互動，同時是與一個內在的他人在做互動（St. Clair, 1996）。

客體關係治療是以治療關係為踏腳石，治療師以情感聯繫的方式，傳達其對當事人的同理了解（「神入」），使其可以邁向更健康的客體關係，同時促進當事人自我的正向改變。

治療則聚焦於內在客體關係在目前實際的人際關係中所扮演的角色，特別是當事人與治療師的關係中之內在客體的運作。

比較特殊的是，在客體關係治療中，治療師將「反移情」視為「當事人投射認同的自然反應」，而非如傳統治療將其當作是治療師未解議題的衝突。治療師成為一個「夠好」的母親（a good-enough mother）、提供涵容（holding）的環境給當事人，與當事人的情感交流，可以將內在客體關係帶到當下，容許當事人重新去體驗那些關係，提升當事人的頓悟與改變可能性；建立正向的治療關係、催化「移情」與「投射認同」的產生，以及詮釋等，都是重要的治療技術。

小博士解說

我們一般人與人互動的方式也可以是從早年與主要照顧人的「客體關係」延伸而來，因此我們不是「表面上」與某人互動而已，而是在互動的模式上隱藏著之前與主要照顧人的互動經驗及期待。

客體關係治療過程

開始
(engagement)

諮商師用治療關係做為當事人關係問題的展現。

投射認同
(projective
identification)

「投射認同」是早期客體關係的殘留，表現在目前人際關係的困擾上；而採取「投射認同」的人，基本上是渴望重建關係、讓它有好的結果，治療師容許當事人做「投射認同」，讓當事人之前內化的客體關係，可以在當下鮮活地展示出來。

面質
(confrontation)

面質當事人投射認同的「後設溝通」（metacommunications）為何，也就是挑戰當事人投射認同的本質；另外，以不同於當事人所期待的方式做反應，也就是提供「不同的投射認同」（altering projective identification），藉以改變當事人的內在客體世界。

結束
(termination)

讓當事人可以去欣賞自己的投射認同對他人的影響，也讓當事人頓悟到自己不當的連結方式的原因，以及早期關係模式是如何成形的，提供當事人有關別人是如何看待他／她的重要資訊。

+ 知識補充站

客體關係與精神分析一樣注重早年經驗與治療關係中的移情及反移情，「客體」都是只滿足個體需要之目標，只是客體關係將「客體」範圍擴大，特別是聚焦在「人」的身上。

7-6 心理動力取向理論：自體心理學派與治療

Heinz Kohut 所創的「自體心理學」（self psychology），最著名的就是將自體心理學介紹到精神分析的工作裡，他認為心理疾病其實就是「自體（我）」（self）的困擾，而更嚴重的可以追溯到早期母親－嬰兒關係的困擾（Cashdan, 1988）。

Kohut 認為一個人（自我或自體）與其重要他人的「客體」關係，對於其人格的建立及健康有莫大關連。所謂的「自體（我）」，指的是心理的「自我架構」（self structure），是人格的核心，是「接近個人所經驗」（experience-near）的；我們是經由認同、了解與整合自己情緒的方式（也就是「自我客體」關係），來發展出堅定、有反應且具彈性的「自我架構」。

Kohut 拓展了客體心理學派的「自我客體」，前者是指將母親形象內化，Kohut 則是指一般我們內在對於他人的經驗，而這些內在表徵就是自我的一部分，會不斷改變與成熟，也是一輩子的需求（Cashdan, 1988）。

Kohut 提到個體與他人關係對於發展「自我感」（sense of self）的關鍵意義。滿足孩子需求的重要他人，就是從自我延伸出去的「自我客體」（將他人當作自我的一部分，或是提供自我功能的人），孩童透過與父母等人的「鏡照」（mirroring）互動以獲得「自我感」，因此父母等重要他人的適當及有效反應，可以讓孩童有安全的感受。

「自我」浮現的重要因素有二：一是個體與生俱來的潛能，二是親子之間的同理（神入）關係。嬰兒最初是沒有自我的，但是有投射父母的潛能，父母（或「自我客體」）可以針對孩子的鏡照與理想化需求做反應，只要沒有太大的創傷或失敗，基本上父母的反應就會讓孩子的「核心自我」開始出現（St. Clair, 1996, p.157）。

自體心理學不談對真實世界的評估，而是聚焦於「對當事人的意義為何」，同時也關注於治療關係（Goldberg, 1988, p.35），可看見並展現出來的「神入」是治療最重要的關鍵之一（Kahn, 1997, p.15）。自體心理學治療師努力營造與當事人的關係，運用神入、了解、解釋等技巧，創造了一個成長的氛圍，增加當事人對自己生命的了解，讓當事人可以自我掌控更多行為，也讓當事人有能力去建構新的自我。

小博士解說

Kohut 定義「神入」的意義為「讓當事人知道治療師是盡其所能地去了解他們看事情的方式」，因此在治療過程中特別強調對當事人私人經驗的同理敏感度，特別是當事人對治療師的感受與體驗為何。

自我發展完全所需要滿足的需求
（Kohut, 1984, cited in Kahn, 1997, pp.91-97）

「鏡照」(to be mirrored)	孩子需要在重要他人面前認為自己是重要、很棒，且被喜愛的。有足夠「鏡照」的孩子，就有能力成為自己的「鏡照」，即使遭遇失敗的鏡照經驗時，也可以發揮「鏡照」功能來增強自我的「建構」，自尊也因此而穩固紮根。
「理想化」(to idealize)	孩子相信父母之一是有力量、鎮靜、有自信的，是非常重要的。即便父母有時候會讓他們失望，但是孩子會因為成功內化理想父母形象而成長、成熟，因為他們心中有一個引導生命的理想，有能力控制並善用衝動，甚至在遭遇挫敗或壓力時有自我安慰的能力。
「像他人」(to be like others)	發展自我的需求，孩子知道自己像父母，或與其他人類似，知道自己有所歸屬。

 心理動力取向治療的貢獻

了解當事人的「抗拒」是怎麼一回事、其意涵為何。

提供了治療師了解當事人內在動力（dynamics）的情況，以及治療可以如何協助當事人去修通深植的人格問題。

動力取向治療的貢獻

其人格理論讓我們了解人格的深層結構與發展過程、潛意識的功能、焦慮與防衛機制的角色、早期經驗與未竟事務的影響、徵狀的功能與起源。

了解我們在日常生活和治療關係中的移情與反移情現象。

7-7 心理動力取向理論：阿德勒的自我心理學派

阿德勒的許多想法後來被不同的同僚拿去做進一步發展，就創立了其他的諮商學派，因此有必要將阿德勒的觀點做說明。阿德勒的學說常被視為是「普通常識」（common sense），卻歷久不衰，因為他的許多觀念都引導或啟發了後起的理論與學派，像是 Viktor Frankl 的意義治療（logotherapy）、Abraham Maslow 的人本取向、Rollo May 的存在主義治療，以及 Albert Ellis 的理情行為治療。此 外，William Glasser 的 現 實 學 派、Virginia Satir 的 家 族 治 療、Eric Berne 的溝通交流分析與 Fred Perls 的完形治療，也都借用阿德勒的治療技術，甚至有學者視「新精神分析學派」者（neo-Freudians）為「新阿德勒學派」者（neo-Adlerians），因為他們脫離了佛洛伊德的生物決定論，轉向阿德勒的社會心理與目的論。

阿 德 勒 基 本 上 與 佛 洛 伊 德 一 樣，相信有的行為是受到若干需求所驅動的，而最重要的一項就是「社會興趣」（Gemeinschaftsgefühl, social interest）。阿德勒與佛洛伊德都認為人格在生命早期就已經定型，早期經驗有其重要性，然而，阿德勒以「權力欲」與「功能完全的人」來取代性驅力與慾力，後來又以「社會興趣」取代「權力欲」，因為人基本是需要認可、肯定自我價值與涉入社會的。

此學派主張人是「社會性」的生物體，受到社會因素的影響與促動，人是「完整」（holistic）的整體，也是積極、主動、有創意、做決定的個體，不是命運的犧牲者，因此個人會主動選擇自己想要的生命型態。

每個人的行為有其目的，只是有時候不免出現錯誤目標（或「私人邏輯」），不切實際的目標或是難以達成的目的，都會造成個人「自卑」的感受，也是「沒有受到鼓勵」（discouraged）的原因，而沒有受到鼓勵就會發展成「不適應」行為。

阿德勒學派是一種人際心理學，重視意識與潛意識，了解個人需要了解其認知組織與生命型態，人類行為會依據當下的情境要求與生命型態的目標，做持續改變；人有選擇的自由，也會面對不同的選擇，生命的挑戰是以生命任務方式呈現，也因為這些生命的挑戰，因此需要勇氣。

小博士解說

阿德勒學派學者提到人類有五種「生命任務」（life tasks）需要圓成，它們是：愛（建立親密關係）、友誼、工作（對社會貢獻）、自我接納與靈性（價值觀、生命目標、與宇宙關係）。

錯誤的私人邏輯（Mosak, 1995, p.70）

過度類化	人都有敵意。
小看或否認自我價值	我是笨蛋。
錯誤或不可能的安全目標	錯一步就死定了。
錯誤價值觀	即使犧牲別人也要得第一。
錯誤覺知生活或要求	生活很辛苦。

 阿德勒學派的虛構目標

主導（ruling）	在與他人的關係中，喜歡掌控與主導。
獲取（getting）	總是期待從他人處獲得些什麼、依賴他人。
逃避（avoiding）	逃避問題、不想負責或承擔。
想要成就（driving）	成功是唯一的選擇。
控制（controlling）	喜歡有秩序、不能忍受無序或髒亂。
受害或殉難者（being victimized or martyred）	兩者都在受苦，但是前者較被動，後者則是較主動。
表現好（being good）	總是表現出有能力、有用、總是對的。
表現對社會有益（being socially useful）	與他人合作，也貢獻自己。

7-8 心理動力取向理論：
阿德勒的自我心理學派（續一）

阿德勒學派的治療技術
一、早期記憶分析

阿德勒學派也認為人格在童年期間就定型，但是並非如佛洛伊德所言那般被動，而是視當事人如何「主觀」詮釋自己的經驗而定（因此「感受」很重要），所以研發了一個「早期記憶」的技巧。個體在家庭的出生序（不是指實質的排行，而是「社會心理地位」，也就是個體自認為自己在家中被對待的方式與位置）會影響孩子對自己的看法、性格及其生命型態。

二、家庭星座分析

文化與家庭價值觀、性別角色期待與家人關係，都會影響孩子觀察家庭互動的模式。家庭星座也包含了家庭組成與大小、排行與互動關係。每個人在家中的地位與角色，是其在家庭中與他人互動的結果。

三、悖論（或矛盾意向）技巧
（paradox intention）

悖論技巧是阿德勒學派很特殊的一種諮商技巧，後來也為一些家族治療者所運用，刻意增加當事人的不良思考與行為，讓當事人在誇大的練習中，體會到自己行為的可笑與荒謬，因而改變或停止這些不良行為。像是失眠的人會努力要讓自己睡著，但是治療師可能請當事人在睡不著時起來打掃，而不要執著於讓自己睡著，可能就因為勞動之後比較會有睡意，正好達到治療目標。

四、逮到自己（catching oneself）

主要目的是讓當事人對於自己一直重複的錯誤目標與思考有所警覺，並監控自己的行為，也就是協助當事人認出在錯誤目標或思考之前，所出現的一些徵兆或警告，讓當事人可以先做準備、避免重蹈覆轍。當然，當事人首先要能夠認清楚自己的哪些想法或行為是一種「警示」或「前兆」；像是在當事人手腕上綁條橡皮筋，只要是自己有想要做出衝動動作（如生氣）的意念時，就拉橡皮筋、彈自己一下，這就是「逮住自己」！

五、彷彿好像（acting as if）

許多當事人會告訴諮商師說：「如果我可以的話……」治療師就可以在此時要求當事人表現出「彷彿好像」（假裝）自己就是那個「可以」的人，而當事人以角色扮演的方式來模擬進行那些動作後，彷彿儼然成為那個「可以」、「有能力」的人，不僅增加其真正執行的動機，也「練習」了那些能力。

小博士解說

每個人都有自己「虛構的最終目標」（fictional finalism），因此行為是目標導向的，這些虛構目標就是引導個體朝向未來的動力，儘管「虛構的最終目標」不一定可以達成，卻是引領人往前的最大力量。

 不適應行為背後的動機

引起注意 （attention-getting）	某人的行為讓你覺得很「煩」，可能其目的就是引起你的注意。
權力抗爭 （power-struggling）	某人的行為讓你覺得「生氣」，可能是因為他／她想要證明給你看「誰是老大」。
報復 （revenge）	某人的行為讓你覺得「很痛」，很有可能是以前他／她也曾經受過傷，因此採用同樣的方式來「報復」你，讓你可以感受到他／她的痛。
放棄 （inadequacy）	某人的行為讓你覺得「無望、無力」，也許就是因為某人有過太多失敗的經驗，對自己也失去信心了，他／她的意思可能是告訴你「不要再試了，試了也沒用」。
刺激興奮 （excitement）	某人的行為讓你覺得「無厘頭、莫名其妙」，可能就是因為生活太無聊了，所以就做一些動作來排遣。

 不同出生序（社會心理地位）性格

排行	性格
老大	較為保守傳統，也威權、可靠、過度負責、內化雙親的價值觀與期待、完美主義者、成就傑出、占主導優勢、勤奮努力、口語能力較佳、較有組織、行為良好較符合社會期待，常常是領袖的角色。會以護衛家庭為先，與長輩的關係較好。老二出生之後，老大會感受到失寵，喪失原有地位與重要性。
兩位手足中的老二（若與老大差距三歲以內）	會將老大當成假想敵、競爭的對手，他（她）會先從老大擅長的地方下手，若是發現無法超越，就會朝不同的方向發展。老二較會照顧人、表達能力亦佳，也常常感受到競爭的壓力。
獨生子女	較獨特、自我中心，也孤單，擁有老大與么子的性格，習慣成為注意焦點。與成人關係較佳，較早熟，也很早就學會與成人合作。當自認為表現不佳時，也容易有偏差行為出現。
么子	有類似老大與獨子的特性，基本上是被寵愛的，也予取予求、我行我素，喜冒險、自由自在、具同理、社交能力強、有創意，但是也顯示其獨立性甚高。縱使家人對其無太多期待，卻常是為了要與其他手足並駕齊驅，而成為成就最高者。
中間的小孩	通常是「被忽視」的孩子，覺得家中沒有他（她）的發揮之處，所以會朝家庭外發展。因為較少被注意到，因此擁有較多的自由與創意。在外的人際關係與人脈絡較佳，認為自己要認真努力才可能獲得認可、易懷疑自己的能力、反抗性強、有同理心，在家常擔任「和事佬」的角色。

＋ 知識補充站

「生命型態」主要是個人對於自己、他人與世界的信念及假設而來，而這些信念與假設也決定了我們的行為目標，倘若這些假設錯誤，也可能導致錯誤的行為與生命目標。

7-9 心理動力取向理論：
阿德勒的自我心理學派（續二）

阿德勒學派的治療技術（續）
六、在湯裡吐口水或潑冷水
（spitting in the soup）

當治療師解開了當事人自毀行為背後的隱藏動機之後，就可以設定這樣的「趨近─逃避」情境，讓當事人不能夠再度「享受」那種自毀行為的好感受。

七、夢的分析

阿德勒對於夢境的解釋與佛洛伊德不同，他認為夢是「情緒的工廠」（factory of the emotions），日有所思，因此夜有所夢，而在夢境中常常是將白天所遭遇的問題做演練與解決。

夢的分析可以是生命型態分析之一環，而在治療中也可做為諮商師了解當事人的問題及未來生活型態的方向，了解當事人在諮商關係中的動向，並協助當事人清楚其個性動力。阿德勒將夢視為提升個人覺察的管道，不強調其象徵性，而是可以提供生命型態與目前關切議題的重要資訊。

八、按鈕技巧
（pushing the button）

這是讓當事人可以更有效管理自己情緒的方法。有些當事人認為自己無法管理情緒，自己是情緒的受害者卻無能為力，諮商師就可以教導這樣的方式，讓當事人在諮商現場「練習」控制自己的情緒，像是假裝按了一個「生氣」的鈕，然後想像一幅令人生氣的場景，之後再按另一個鈕，想像一幅令人喜悅的場景，藉由這樣的練習，當事人也學會了管理自己的情緒。

九、鼓勵

阿德勒學派的治療師是非常善於鼓勵的，因為他們基本上認為當事人不是生病，只是「適應不良」，因此去鼓勵當事人、讓他們看見自己「能」的部分，是很重要的。而且，不以「應該」來期許當事人，而是以「你可以」的方式，這個鼓勵技巧用在孩童身上特別有效，可以增進其自信。

鼓勵必須聚焦在當事人所「做」的、付出的努力、當下（非過去）行為、內在動機、所學到的與做得正確的。

十、逃避陷阱
（avoiding the tar baby）

協助當事人不要重複踏入陷阱或是讓自己困住的地方。諮商師使用非預期的方式回應當事人，像是當事人抱怨自己都亂花錢，因此存不了錢，感覺很不踏實，治療師沒有要他節省，而是要他用一天時間去好好花五千元。

小博士 解 說

阿德勒認為原生家庭對一個人的人格發展具有關鍵影響力，從家庭星座中可以看到一個人怎麼形成他／她對自己、他人與生活的獨特看法。家庭星座包含了家庭組成與大小、排行與互動關係。

阿德勒學派對其他理論的貢獻

1、早期經驗與家庭星座對目前個人功能的影響。

2、統整觀（身心靈）。

3、要將個人置於其家庭、社會與文化脈絡內考量。

4、認為思考會影響感受與行為。

5、強調優勢、樂觀、鼓勵、賦能與支持。

6、生命型態與目標的關連。

7、需要認出重複自毀行為背後的目的，並予以修正。

8、合作治療關係的重要性。

9、治療師與當事人都同意的實際治療目標。

10、問題與差異是正常生活的一部分，也被視為成長的契機。

11、治療乃教育與提升成長的過程，也有補救的功能。

12、強調「健康」而非「病態」。

13、重視預防與發展。

14、在社會脈絡限制下，仍能展現自由的能力。

15、注意到多樣與多元的文化（包括性別）議題。

 阿德勒（自我心理）學派的主要理念

人本取向（humanistic）	重視人與社會的福祉。
完整的（holistic）	視人為整全的個體。
現象學的（phenomenological）	從個體觀點來看世界。
目的導向的（teleological）	個體受主觀未來所引導。
場地理論的（field-theoretical）	在個人與社會及物理環境互動過程中，考慮到個人的感受、想法與行動。
社會取向的（socially oriented）	視個人是主動對社會做反應，也對社會有所貢獻。
方法論上是操作取向的（operational in its methodology）	強調實際運用性。

7-10 體驗與關係取向理論：
人本中心、存在主義治療

在這個取向大傘底下有人本中心、存在主義與完形學派。體驗與關係取向諮商是心理學的「第三勢力」（the third force），反對行為主義不重視當事人的心理狀態，也抗拒精神分析的治療師專擅，此取向的突破是：將治療從「治療師中心」轉變為「當事人中心」，同時注重「治療關係」。其中心論點是：人都有自我實現的能力，治療關係是最重要的，諮商師與當事人之間的真誠交會，不僅提供了真誠無偽的人際關係與楷模，也讓當事人因為諮商師接受其「如我所是」而更能悅納自己，更有能量，有勇氣去面對生活的挑戰。

一、人本中心

羅吉斯所創的人本中心，相信人是值得信任的、有自己內在的資源，也朝向自我實現的目標前進，每個人看世界的角度不同，也都值得尊重（Hazler, 2016）。

在諮商現場，諮商師本身是最重要的治療工具，呈現在當事人面前的是真實的自己，諮商師的積極傾聽、無條件積極關注與真誠一致，讓當事人感受到真誠不虛假的人際互動。治療師願意進入當事人內在的參考架構去了解當事人，讓當事人可以慢慢拾回對自己的評價力量，不需要以他人的批判來認定自己，可以主導自己的生活。人本中心最重視的是諮商師的態度，認為只要諮商師的態度對了，就有能力使用不同的技巧（Wilkins, 2003, cited in Hazler, 2016, p.183）。

二、存在主義治療

存在主義提到人生的終極關懷議題，如：焦慮（從「人皆有死或不存在」而來）、孤單與無意義感、自由與責任。死亡的事實提升了人的生命質感，個體必須創發其獨特意義；孤單則讓人會想與他人聯繫；自由的另一面是責任（享受選擇與自由的同時，也必須承擔責任）。

雖然存在主義是從歐陸的存在哲學而來，然而它所注重的議題也正是諮商現場會面臨的所有議題。存在主義提及諮商師與當事人是一起旅行的夥伴，提供當事人誠摯、真實的人際互動經驗，並討論生命的深刻議題（包括死後往哪裡去、靈性與宗教）與因應之道。

「意義治療法」（logotherapy）的創始人 Viktor Frankl（1984, cited in Bryant Frank, 2016, p.157）認為存在主義治療的原則為：受苦是人類的成就之一，罪惡感讓人有機會變得更好，脆弱讓人變得更真實，而生命的不可預測讓人願意承擔起責任。

小博士解說

羅吉斯的理論被視為諮商的入門，他不僅突破了治療關係裡的威權傳統，也讓當事人積極參與治療，將諮商責任回歸給當事人。

Abraham Maslow的需求層次論

自我實現

自尊
（如成功、地位）

愛與隸屬
（如情感依附）

安全
（如身體有遮蔽、穩定）

生存
（如食物和水）

 羅吉斯對人性的基本假設

人對自己的行為是有知覺的	相信每個人都有自尊與價值
人有自我實現之傾向	相信人是良善、值得信賴的

 存在主義的治療理念（Nystul, 2006, pp.214-215）

每個人都是獨特的

人會尋求意義

焦慮在生命中的角色

自由與責任是一體兩面

存有（being）與不存有（nonbeing）是人類焦慮的根源。

三種生存樣態，即人與自然、人與社會、人與自己的關係。

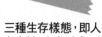

自我超越
（self-transcedence）

超越「主－客」觀的二分法，形容治療中諮商師與當事人發展出親密且有深度的了解與同理關係。

7-11 體驗與關係取向理論：完形學派治療、治療技術

三、完形學派治療

Fred Perls 創立完形學派，此派學者相信人是一直在發展中，因此也一直在變化，而人總是處在「關係」之中，人的存在就是持續「創意適應」，且人具有解決問題與面對困難的必備潛能，所以此學派治療是人本／存在取向的治療（Joyce & Sills, 2001）。

完形重視「覺察」，唯有覺察，改變才成為可能，因此在治療過程中，會特別注意當事人的身體與感受的狀態，而當事人也從自己的經驗與體驗中，去獲得對自我狀態的覺察（Corey, 2001）。

完形學派治療聚焦在當事人對於現實與存在的覺察，認為人是在「成為」（becoming）的過程中，重新創造與發現自我（現象學），特別注意個人的存在經驗，也肯定人會經由人際接觸與頓悟而獲得成長與療癒能力（存在取向），而且注重當下、「什麼」與「為何」，以及「我－你」的關係，是以過程為基礎（process-based）的取向，較不重視內容。

四、體驗與關係取向的治療技術

1. 治療師以自己為治療工具

諮商師的「在」、呈現真實的自己、願意花時間給當事人、接納當事人的全部，並給予誠摯的關心，對當事人來說是一股很大的鼓舞力量。而真誠無偽的治療關係、接納當事人之所是（As I am），會讓當事人重拾自己的力量，而得以面對挑戰（Bryant Frank, 2016, p.158）。

2. 治療師的自我揭露

人本取向諮商最重要的就是治療關係，因此治療師將本身當作治療工具，要真實、一致地展現在當事人面前，也讓當事人在看見角色楷模的同時，接納人都有其限制與弱點，而「自我揭露」就是很直接的表現管道。

諮商師的自我揭露基本上有幾項功能：（一）讓當事人了解諮商師是人，也經歷過與他／她相似的人類困境，讓當事人感覺被了解；（二）可以減少治療師的神祕感，減少不切實際的移情現象。而自我揭露必須要注意到：不是給諮商師做為宣洩之用，要注意適時與適當性。

3. 立即性

「立即性」就是治療師揭露自己在諮商現場所觀察、感受到的，包含對當事人與治療關係的看法及感覺，著重在「此時此刻」（here-and-now），可以是「自我揭露」（諮商師表露個人感受、反應或對當事人及與他人關係的經驗），或是「挑戰」（用來面質當事人在治療關係中的議題），也是提供資訊（當事人行為模式）的方式，不帶任何批判在裡面。

完形的主要概念（Nystul, 2006, pp.211-212）

聚焦在
關係上

存在─現
象學觀點

健康
是自我調
節、與環境
場域的
接觸

整合、聚焦
在當下

實驗性強

協助當事
人從依賴
到獨立

 體驗取向的治療基本原則（Pos, et al., 2008, pp.93-94）

人們有行動、
選擇與自我決
定的潛力。

體驗是想法、
感受與行動
的基礎。

不斷成長與發展是人的潛
能，最好的是終其一生都在
進行著，因此體驗取向的治
療師將個人視為一個複雜、
自我組織的系統。

人是多面向的，
整合所有面向
時功能最佳。

當治療關係是接納、不控
制，且真誠、心理不缺席
（psychological presence）時，
此人能發揮最佳功能。

＋ 知識補充站

「真誠一致」指的是治療師的「透明度」（transparency），讓當事人感受到治療師不是「人前
人後」不一樣，也沒有虛假（偽）的面具，而是將心比心、以最真切的心來對待。

7-12 體驗與關係取向理論：治療技術（續）

四、體驗與關係取向的治療技術（續）

4. 重新架構

諮商師的重要功能之一，就是提供當事人另一個思考的角度或窗口，「重新架構」（reframing）即是其一。使用重新架構，是讓當事人對某一事件的特定解釋做延展，協助當事人對此事件創造新的意義。使用「重新架構」的技巧可以是「重新命名」（或「標籤」）的方式，或衍生出不同的意義與方向。

5. 空椅法與其他覺察技巧

完形學派最重要的治療目標就是增加當事人的覺察，因此其所採用的技術也多半與此有關。其目的就是讓當事人去發覺與發現自己、了解與接受自我，還包括了解周遭環境。

6. 夢的技巧

完形學派治療師基本上不做夢的詮釋或解析，只是會將夢境搬到治療現場，讓夢境重現，也讓當事人扮演夢境中的特別角色，甚至讓當事人完成夢境中未完成的對話，而夢中的每一個角色都被視為是自我的投射。對 Fred Perls 來說，夢是人類生存最自然的表現，呈現了未竟事務的情境，包含了自我存在的訊息與掙扎，也是「通往整合的最佳路徑」。

對完形學派治療師而言，夢境或想像都是未竟事務浮現在意識狀態的管道。治療師會讓當事人假想自己是夢裡的不同元素或角色，然後做實際扮演，也就是要當事人以「行動」方式來詮釋夢，這樣當事人就可藉由這種「抽離」自己（out-of-touch）的方式來重新定義。

存在主義治療師則認為夢讓個體更貼近真誠，夢就像頓悟一樣，提供個體反思內心感受、希望與懼怕，促使個體去發現其意義（Bryant Frank, 2016, p.158）。

7. 實驗

實驗（experiment）是在治療情境中進行。完形學派治療師鼓勵當事人去嘗試新的行為並觀察其後果，因此完形治療過程也可視為實驗的過程。實驗是協助當事人獲得完整覺察的有用工具，其目的是要讓當事人在當下產生經驗或探索經驗。一般治療師也將完形實驗的精神納入，像是讓當事人完成適當的家庭作業，就是要讓當事人在支持的治療關係下，願意去嘗試新的方式與行動，讓其生活更滿意。

小博士 解說

Rollo May（1961）提到人類的特色有：

1. 人的中心是自我，而精神疾病只是人用來保護自己生存所使用的方式之一。
2. 人有自我肯定的特質，因此需要意志。
3. 人類可以從「自我中心」轉為「願意參與與人互動」，只是需要冒險的勇氣。
4. 「覺察」就在自我中心裡。
5. 人類的自我覺察稱為「意識」。
6. 人都有焦慮，而焦慮就是對抗自己的「不存在」而產生。

體驗與關係取向的貢獻

重視治療關係，這也是促成當事人改變的最重要因素。

治療師常常使用「體驗」的方式或作業，讓當事人可以體驗當下或一些重要經驗。

相信人性是向善、向上的，也將治療責任從治療師移轉到當事人身上。

當事人不是被動、無能的。

 完形學派的理論重點

★ 注重「整體」，將當事人思考、感受、行為、身體、記憶與夢境都納入，也不忽略周遭環境的重要性。

★ 要了解一個事件或人，都只能以整體方式或將之置於脈絡中，才能夠真正了解。

★ 人會主動組織其對自我與環境的知覺，然後才去做探索。

＋ 知識補充站

健康應該是「身心靈」合一，不可偏廢，目前的諮商趨勢已經將心靈層面的需求整合進來，因此不少臨床助人專業，開始正視當事人的精神與心靈需求，將宗教與靈性的需求納入諮商內涵，發展出「心理整合諮商」。

7-13 **認知取向理論：理情行為學派、認知治療**

「認知治療」的基本立論，是認為思考上的謬誤多為心理疾病的肇因，因為思考上的錯誤，而引起情緒上的騷動或行為上的失常，也就是聚焦在個人如何「解讀」事件上，因此將「認知過程」視為影響感受與行為的主要因素。

「認知取向」治療主要是指 Albert Ellis 所研發的「理情行為治療」(Rational-Emotive Behavioral therapy, or REBT)、Aaron Beck 創始的「認知治療」(Cognitive therapy, or CT)、溝通交流分析 (Transactional analysis, or TA) 與現實治療 (Reality therapy) 學派等，它們有四個共同點：治療師與當事人是合作關係，心理困擾主要是根源於認知過程的功能受到干擾，改變認知即可造成感受與行為上的改變，以及屬於短期教育性的治療方式 (Corey, 2009)。

一、理情行為學派（REBT）

我們的情緒源自於對生活情境的信念、評估、解釋與反應，只要學會改變認知，就會改變對情境的情緒反應，而 REBT 的治療目標不只是解決出現的問題而已，也讓當事人可以因應未來生命中的議題。

人類同時有理性思考與非理性思考的潛能，理性就是增進個體幸福與存活的（因此是彈性、不極端、合邏輯與現實），而非理性則是妨礙幸福與存活的（因此是僵固、極端、不邏輯、與現實不符），人天生就容易有非理性的發展，但是也有潛能去抗拒這個發展，而人的知覺、思考、情緒與行為是同時發生的。

我們主要的心理困擾有「自我困擾」(ego disturbance) 與「不舒服的困擾」(discomfort disturbance) 兩種，前者常以「自我貶抑」(self-depreciation) 的方式呈現（達不到自我要求時，或嚴苛要求他人），後者主要就是非理性信念造成（如要求舒適、不能忍受事情不如己意），而只有無條件接受自我、做出有理性且合乎現實的反應，並有適當的困擾容忍度 (disturbance tolerance)，才是健康 (Dryden, 2007)。

二、認知治療（CT）

認知治療學者認為人格是由「基模」(schema) 所形塑，「基模」是認知結構，包含了個人的基本信念與假設，是個體早期從個人經驗與認同重要他人的過程中發展出來的。「基模」影響我們建構現實、對自我的假設、解釋過往經驗、組織學習經驗、做決定與對未來的期待。「基模」像一個樣板，會篩選掉我們不想要的資訊，會注意到環境中重要的面向，並將之前的知識、記憶與新的資訊做連結 (Moorey, 2007, p.300)。要改變認知是有先後層次的，最外層的是「自願性想法」(voluntary thoughts)，接著是「自動化思考」(automatic thoughts)，緊接著是「假設」(assumptions)，最核心則是「基模」(Beck & Weishaar, 1989)。

小博士解說

認知治療是短期治療，也是學習的歷程，其治療目標有：1. 解除症狀、解決問題。2. 協助當事人獲得新的因應策略。3. 協助當事人修正認知架構，以防復發。

「理性思考」的四個標準
（Dryden, 1999, pp.2-3）

有彈性、非極端的	很實際的
以事實為依據的	合邏輯的

 憂鬱症患者的「認知三角」
（cognition triad）思考模式

「我的情況不可能變好。」

「我擔心的事也不會變好。」

對自己

「情況都不會變，只會更糟。」

認知三角

對周遭世界　　對未來

 常見心理疾病的認知側面圖（cognitive profile）
（Beck & Weishaar, 1989）

憂鬱症 (depression)	對自我、經驗與未來持負面看法。	歇斯底里症 (hysteria)	對動作或感受的不正常觀念。
輕躁症 (hypomania)	對自我與未來的誇大想法。	強迫思考症 (obsession)	對安全的重複警告或懷疑。
焦慮症 (anxiety disorder)	擔心生理與心理可能危險的感受。	強迫症 (compulsion)	運用特殊儀式來抵擋覺察到的威脅。
恐慌症 (panic disorder)	對身體與心理經驗的災難式解讀。	自殺行為 (suicidal behavior)	對解決問題的無望感與無能。
恐懼症 (phobia)	在特定、不可避免的情境中會感到危險。	厭食症 (anorexia nervosa)	害怕變胖。
偏執狀態 (paranoid state)	歸因於他人的偏見。	慮病症 (hypochondriasis)	歸因於嚴重的醫療疾病。

7-14 **認知取向理論：溝通交流分析、現實治療**

三、溝通交流分析（TA）

溝通交流分析理論的創始人是 Eric Berne。1960 年代，Berne 發現了三種自我狀態（成人、兒童、父母），然後著重在「遊戲」分析，看見溝通訊息下隱藏的社會意義，接著將重心放在腳本分析（script analysis）上。到了 1970 年代，Gouldings 夫婦將完形的理念融入，創造一個「再決定治療」（redecision therapy）（Gilliland & James, 1998, pp.165-166）。

TA 發現我們與他人互動時，有「社會」（大家認可）與「心理」（真正要溝通的）兩個層面，由於 TA 主要分析的是人際互動中的一些內在動力情況，其治療過程是以「教育」為主要，含有極大部分的認知成分。

讓當事人學習區辨自我狀態及其功能，主要是從使用的字彙、音調、語氣、音量、說話速度、身體姿勢的改變等判斷，而當事人的自我狀態改變之後，也會發現其身體姿勢的改變；在當事人覺察自我狀態的改變之後，就越能夠了解自己的感受、生命腳本與所玩的心理遊戲（Goulding & Goulding, 1979/2008, pp.26-27）。

四、現實治療

現實治療是由葛拉瑟（William Glasser）所創發，「選擇理論」（choice theory）就是現實治療的骨架。人基本有五大需求（生理與存活、愛與被愛、有權力、自由與玩樂），每個人對每一項需求的強度不同、滿足需求的能力也不同，且每個人的生活世界都在變動，因此需要重新學習滿足需求的不同方式（Glasser, 1975）。

葛拉瑟認為個體失功能都是因為不滿意目前的關係而起，也就是當事人選擇了無效的方式去滿足自己的需求，造成了不滿意的關係，因此治療師的功能就是引導當事人可以做更有效的選擇、採取更有效的方式，來滿足自己的需求，以維持滿意的關係（Glasser, 1998; Corey, 2009）。

此外，Robert Wubbolding 提出了一個 WDEP 系統，也常常是現實治療很好的步驟說明，它們是：W（wants ／想要），探索當事人想要、需要與覺知的為何；D（direction ／方向），探索目前所做的是不是自己想要前往的方向，又要如何達到；E（evaluation ／評估），自評自己目前所做的，是否協助當事人更往目標邁進；P（planning ／計畫），發展具體現實的計畫來達成目標（Corey, 2001, p.83; Glasser & Wubbolding, 1995）。

小博士 解說

「選擇理論」是一種內在控制的心理學（internal control psychology），解釋了我們為何與如何為自己的生命做決定，我們所選擇的行為都源自於我們的大腦（Glasser, 1998, p.7）。

TA的三種自我狀態

自我狀態	說明
兒童自我 (child ego state)	★ 藉由感受與直覺的反應，來尋求個體的滿足。 ★ 是我們感受與直覺的重要來源。 ★ 有與生俱來的衝動，如愛、感情、創意、攻擊、叛逆與自發性。 ★ 往往是個人過去未竟事務的殘渣。 ★ 是早期經驗、反應，以及對自我與他人「位置」(positions)的紀錄。 ★ 提供個體「想要去」行動的動力。 ★ 依功能分為： 　1.「自然兒童」(nature or free child)：人類與生俱來的自然反應，包含愛、恨、好玩有趣、喜樂、氣憤與衝動，基本上少受到社會化的影響。 　2.「適應兒童」(adapted child)：是經由環境淬鍊的結果，也就是從經驗或結果裡所學習到的罪惡感、悲傷、悔恨等，是為了生存與適應而產生的。 ★ 處於「自然兒童」階段太久，會被視為失控或不負責，但是若處於「適應兒童」太久，則被形容成抱怨、妥協、叛逆或勤奮的，似乎掙脫不了父母的監控。 ★ 在「兒童」裡慢慢浮現的「父母」，稱為「小教授」(little professor)，是本能、創意與操控的來源，其功能是協調「自然兒童」與「適應兒童」。
父母自我 (parent ego state)	★ 提供界限與限制來保護個體，也就是提供保護、照顧與關切的角色。 ★ 是從上一代或文化裡所傳承下來的圭臬或準則，包括許多的價值觀、禁令與應該，也可以是從重要他人那裡所內攝的、未解決的議題。 ★ 依其功能區分為「挑剔父母」(critical parent，批判責求多)與「慈愛父母」(nurturing parent，支持與愛護多)。 ★「挑剔父母」是壓制性的、有偏見、使用權力、嚇人與掌控型的，基本上是運用外力來逼人就範，這類父母太多可能導致攻擊型人格，太少則會造成被動消極人格。反之，太多「慈愛父母」則產生不可駕馭的性格，太少則是思慮不周、缺乏體諒的性格。
成人自我 (adult ego state)	★ 指邏輯、理性的自我，是不涉及情感的部分。 ★ 其功能聚焦在資料分析、可能性評估與做決定。 ★ 主要是維持或調整情感「兒童」與僵固「父母」之間的平衡。 ★ 會將外面世界的一切做檢視與列表，將現實情況帶入內在觀點中做考量。 ★ 類似「裁判」的角色，試圖調節父母的「要求」與兒童的「想要」之間的平衡，提供方法與解釋理由。 ★ 有點像是「觀察者」或電腦的角色，太多則無趣，太少又不合理。

7-15 **認知行為取向治療技巧**

一、REBT 的情緒技巧

主要目的是讓當事人在治療師協助下的改變過程中，可以體驗自己的情緒反應，同時認清、質疑與改變自己的非理性信念，強調「喜歡」與「必須」之間的差異。包含：幽默誇張法、理性幽默歌曲、治療師自我揭露，或運用故事、箴言、寓言與格言，強有力地質疑理性與非理性信念，理性角色轉換、羞愧攻擊練習（shame-attacking exercise，此技巧可以運用在當事人認為將自己的弱點曝露在公共場合時的羞愧感受，讓當事人去執行一般人可能會認為的「丟臉」行為，看看是不是如他／她想像的那般恐怖），以及運用想像技巧讓當事人可以體驗正向的情緒。

二、REBT 的認知技巧

主要是用來增進當事人的信念改變，處理的是當事人生活中的「應該」與「必須」。像是：錄音答問、理性因應的自我陳述、反過來教導他人 REBT、使用精確語言、辯駁非理性信念、教育心理技巧、參照比較、認知行為表，以及認知重建等。

三、REBT 的行為技巧

主要目的是運用不同的技術讓當事人改變不可欲行為，同時也有更好的適應行為產生，因為改變行為的同時就可以改變認知，採用一般有效的行為技巧即可。

四、REBT 的想像技巧

目的是用來增進信念的改變，像是理性－情緒想像，因應想像，以及時間投射（time projection，當事人可能會假設萬一某事發生，情況會不可收拾，治療師可以暫時相信當事人的判斷，然後與他／她一起經歷當此事發生時的種種情況，可能不是想像中那麼可怕或不能處理）。

五、CT 的「蘇格拉底式對話」

與當事人互動，運用的行為技巧有：測試假設、曝露治療、行為預演或角色扮演、安排活動、家庭作業、想像、演練或預習、實驗、放鬆練習、冥想、呼吸控制、運動、肯定訓練等。

六、TA 分析

自我狀態、溝通模式、腳本分析與遊戲等，是其較特有的認知技巧，讀者可參閱 TA 治療的相關書籍進行了解。

七、現實治療學派

較少提及「技術」層面的運用，然而從其相關著作裡可以發現，除了一般的諮商技術，如同理、專注、傾聽（主題與隱喻）、適當使用幽默感、自我揭露、摘要與聚焦之外，其他以「原則」居多。

小博士「解說」

一般人可以在適當時機選擇最有用的自我狀態，且三種自我狀態會維持一種平衡，不會趨於極端。自我狀態出現問題時，基本上有「汙染」、「排除」、「三種自我狀態互相干擾」三種。

 CT的認知技巧

去災難化 (decatastrophizing)	「如果……怎樣……」（what if）的問句，協助當事人去因應最害怕的結果。
去歸因 (deattribution)	以可能的不同結果，來測試自動化思考與假設。
重新定義 (redefining)	讓那些自認為失控的當事人可以更有動力。
去中心化 (decentering)	用在焦慮的當事人身上，因為他們相信自己是每個人注意的焦點。
認知重建 (cognition restructuring)	確認與挑戰在特殊情境下的不適應之想法，著重在當下這個認知對於情緒與生活功能的影響為何。
問題解決過程	問題概念化→選擇適當策略→選擇執行方式或技巧→評估技巧之有效程度
其他	認出負面自動思考、測試負面自動思考、現實測試、找出其他變通之道、重新歸因、列出優劣勢等。

 Donald Meichenbaum的認知行為治療

方式	說明
認知行為改變技術 (Cognitive behavior modification, or CBM)	★ 運用「認知修正」與「技巧訓練」做為因應技巧。 ★ 結合了認知與行為治療的主要元素，其目的是改變當事人的自我陳述（self-verbalization）。
自我指導訓練 (self-instruction training)	★ 用來發展一連串的反應模式，「認知」是反應連鎖行為中的一部分，主要聚焦於當事人在「自我對話」（self-talk）的覺察。 ★ 進行方式：讓當事人觀察與了解自己在緊張情境下的情緒行為反應→開始新的內在對話→學習新的技巧→以「自我指導」的方式讓自己可以對抗消極反應，使用當事人積極有效的「自我陳述」（如：考試會緊張，是正常的生理反應）、放鬆療法，以及對抗消極的自我陳述所採取的一系列步驟。
壓力免疫訓練 (stress inoculation training, or SIT)	★ 當事人未能因應壓力，主要是對情境的不正確評估，以及缺乏特殊技巧使然。 ★ 一般人在面對壓力時可採用的「壓力免疫訓練」，包括提供資訊、產婆式對話、認知重建、問題解決、放鬆訓練、行為演練、自我監控、自我指導與增強，以及修正環境。

＋ 知識補充站

　　「產婆式」對話包括釐清與定義問題、確認思考、想像與假設，檢視事件對當事人的意義為何？檢視持續這樣的錯誤認知與行為的後果為何？同時也運用一些實驗來檢視信念的有效性。

7-16 行為取向：行為學派、BASIC I.D.

「行為治療」是許多諮商學派會運用的技巧，因為治療的最終目的通常是要讓當事人有所改變，而這個改變最好的檢視方式就是「行為」的改善。行為主義治療主要是對佛洛伊德精神分析學派的一種反制，認為其理論與效果缺乏實證支持，也懷疑所謂的「潛意識過程」。

行為取向的治療師不會去探討情緒困擾背後的原因，基本上，治療師要設計很多活動，需要具備相當的創意，治療目標具體而可評估、實際且可達成。本章介紹的行為取向學派，包括傳統的行為學派及 BASIC I.D.。

一、行為學派

行為學派的治療師將注意焦點放在眼睛可以觀察、工具可以評量的「可見」行為上，認為人類行為是受到文化社會環境所制約而形塑及決定（Halbur & Halbur, 2006），也受到自身天生的基因影響，因此個人過去的歷史也非常重要（Richards, 2007）。此學派將焦點從「環境決定論」轉移到人與環境的「互惠決定論」，自 1970 年代之後，又加入了「認知」因素在治療過程中。行為學派對人的看法是：（一）沒有好壞，但是有表現不同行為的潛能；（二）能夠概念化與控制自己的行為；（三）能夠獲取新行為；（四）能夠影響他人行為，也會被他人影響（George & Cristiani, 1995, p.87）。行為主義的治療方式結合了學習理論、古典與操作制約理論、社會學習論及認知理論。

二、BASIC I.D.

Arnold Lazarus 所倡導的「多元模式治療」（multimodal therapy），也可以簡稱為「BASIC I.D.」，是屬於一個統整取向的治療。

此理論假設大部分的心理問題是多面向、多元決定與多重的，因此完整治療需要謹慎的評估，評估面向同時也是人格的面向（Lazarus, 1985），包括：行為（Behavior，指的是外顯的行為表現，包含習慣與反應）、感情（Affect）、知覺（Sensation，五官感受）、想像（Imagery，包括自我意象、記憶、夢境與幻想）、認知（Cognition，構成個人價值觀、態度與信念的，包括領悟、哲學、思考、意見、判斷、自我對話等）、人際關係（Interpersonal relationships）、藥物與生物因素（Drug or medication，也包括營養與運動），這些面向彼此都會互相影響。

治療進行時，諮商師對於當事人的情況會先做統整並有清楚的了解（也就是蒐集 BASIC I.D. 的資料），直接反映或提供當事人相關資訊與指導，挑戰當事人自我挫敗的信念，也提供建設性回饋或是增強，同時也會有適度的自我揭露，希望以最適當的方式進行治療，其治療的主要目標就是去修復當事人所有的明顯問題。

小博士 解說

心理學目前有四大勢力，最先是佛洛伊德為主的「精神分析學派」，而「行為學派」則是因反對「黑箱作業」的精神分析學派而起，而「人本學派」又反對行為治療只著重外在的改變、忽略當事人的心理感受與需求，目前則是以「多元文化諮商」為最新趨勢。

Arnold Lazarus（2008）將情緒困擾與心理疾病的原因列為十項

★ 衝突或模糊的感受或反應。

★ 錯誤的資訊（尤其是失功能的信念）。

★ 缺乏資訊，如技巧缺陷、忽略、太天真。

★ 人際的壓力。

★ 與自我接受有關的議題。

★ 錯誤連結（制約）導致的不適應習慣。

★ 覺察到生存的現實（與生命意義有關的）。

★ 嚴重的創傷經驗。

★ 外在壓力，如生活困境、不安全的環境。

★ 生理失能。

 行為學派治療的主要觀念

不適應行為主要是學習的結果。

行為治療是聚焦在外顯、可觀察到的行為過程與認知。

行為治療著重在當下、此時此刻。

運用具體定義與目標。

行為治療是依據科學方法進行。

7-17 **行為學派治療技術**

一、教育

教導當事人一些行為或技巧，以及必要了解的步驟。

二、模仿或示範（modeling）

尤其是新技巧或當事人不熟悉的情況下，讓當事人可以觀察、效仿某個特定人物的行為。治療師可以做適當的示範，也可以請他人當場示範，或運用多媒體素材（如影片）來協助進行。

三、系統減敏法（systematic desensitization）

為針對減低害怕或焦慮所採用的特殊治療方式。治療師會依據以下步驟進行：（一）教導當事人深度放鬆技巧；（二）發展出一個階層圖，若是焦慮，就發展極細膩的、從最無焦慮到最焦慮的情境階層；（三）治療師讓當事人可以在進入深度放鬆的同時，以想像的方式進行（焦慮）階層的漸進工作；（四）進行實景（in-vivo）的練習，讓當事人可以直接接觸或目睹其焦慮的物品或情境；以及（五）追蹤與評估（Nystul, 2006, p.241）。

四、放鬆練習或訓練

讓當事人身心都處於舒適、沒有壓力或外在干擾的狀態下進行。放鬆練習通常是以口語述說方式引導當事人進行，也可以輔以輕鬆音樂，或加入想像或冥想的元素，慢慢讓當事人在口語引導之下進行放鬆動作，並經由重複不斷地練習而成為一種技能。

五、肯定訓練與社交技巧

主要是協助在特定的人際場合裡未能肯定自己的當事人，協助其在不傷害他人的情況下，有能力去執行自己預定的計畫，也讓當事人可以擺脫被動、無助的立場，去處理自己面對的生活情境。

肯定訓練也是社交技巧的一環，還要加上一些當事人可能較為欠缺的人際互動技巧，如清楚說出自己的需求、如何同理或體貼他人、肢體動作的非語言表達與意義等。

六、嫌惡治療（aversion therapy）

主要是依據古典制約的原則，將某個需要改變的行為（如吸吮拇指）搭配一個不受喜愛的刺激（如在拇指上塗辣椒），讓個人在做「喜歡做的事」（此例為「吸吮拇指」）時，同時對其後果（此例為「辣椒刺激」）產生厭惡，而減少了吸吮拇指的習慣，這是「減少」某個「不可欲行為」的方式。嫌惡治療的爭議性頗大，因為可能會造成傷害，要謹慎使用。

七、饜足法（或洪水法）（satiation）

饜足法是較為緩和的「嫌惡治療」，採用「過多」的正增強讓原來的增強物失去效力，或是讓當事人對於原增強物減低喜愛程度。這就類似大腦的飽足機制一樣，在短時間內讓當事人吃進過多的蛋糕，使其不再覺得蛋糕好吃。如同嫌惡治療，也需要謹慎使用。

八、實景曝露（vivo exposure）

將當事人帶入引起其焦慮或害怕的實際場景中（如電梯內），或是讓其與害怕的事物（如狗）直接面對面接觸，這些都需要事先仔細設計，當事人必須準備好，而且在其可以控制的情況下做實景曝露的實驗。「系統減敏法」也是實景曝露的技巧之一。

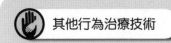

技術	說明
代幣制度 (token economy)	規劃一個有系統的酬賞與處罰方式，讓某種行為可以建立起來，這也是一般學校（尤其是小學）或特殊教育教學上，最被廣泛使用的行為策略。
眼動減敏及歷程更新療法 (Eye movement desensitization and reprocessing, EMDR)	這個治療方式對於有創傷的當事人之治療效果，已經獲得肯定，可以快速減緩創傷的主要症狀。這也是一種曝露治療，運用了想像洪水法、認知重建、快速有節奏的眼部動作，以及雙邊刺激（像是拍打當事人兩邊大腿的外側），是相當短期的治療。
家庭作業 (homework assignment)	行為取向的諮商師基本上都會以作業來延續治療效果，同時鼓勵當事人將在諮商中所學習到的運用在日常生活中，也以行動來改變錯誤的認知。

行為主義的限制
（Corey, 2009, pp.264-265）

★ 也許可以改變行為，卻沒有改變感受。
★ 忽略了治療關係的重要性。
★ 沒有提供頓悟。
★ 治療徵狀，卻不是治療原因。
★ 涉及治療師的控制與操作。

行為改變計畫示例

Step 1 建立想要改變行為的基準線（baseline）
以一週為準。如：11/20~11/26。

Step 2 設立目標
以前一週的平均數為準，只要有進步就可以。如：每日飲水量大於793毫升。下週目標則以此週之平均飲水量為評估。

Step 3 採用方式
(1) 裝滿1,000毫升的水壺，帶去上課。
(2) 請同學提醒自己要喝水。
(3) 在水壺上寫勵志句子，要自己多喝水。

Step 1 建立基準線（每日飲水量）

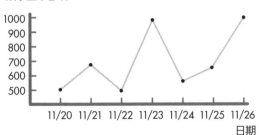

飲水量（毫升）

★ 平均飲水量（M）＝ 5,550/7 ＝ 793（毫升）

Step 4 決定酬賞或懲罰方式
必須要能夠吸引計畫執行者。
如：(1) 只要一週有三次達到目標，就存入50元。(2) 連續五天達到目標，可與朋友聚餐一次。

Step 5 持續進行一段時間
如二個月。直到改變行為穩定，就可將酬賞等增強方式去除。

7-18 系統取向理論：家族治療、女性主義治療

系統取向主要是將當事人與周遭環境脈絡的因素都列入考量，當事人不是唯一的病人，可能是能力最小的「代罪羔羊」，因此若要當事人的情況獲得改善，必須將其所置身的環境脈絡之改善納入，才會有持續的效果，此處會將「家族治療」與「女性主義治療」做簡要介紹。

一、家族治療

家族治療受到「系統觀」的影響，治療師在臨床經驗中發現當事人的問題不是當事人本身造成的，而是其所置身的家庭與環境脈絡出了差錯，而當事人可能是權力最小的一位，因而出現問題。

系統觀將當事人的問題，視為家庭系統功能運作的徵狀（symptom），而非個人的適應問題，因此個人出現問題或徵狀可能是：（一）為了家庭而有其功能與目的；（二）家庭不小心讓這個徵狀持續下來；（三）家庭無法有效運作，特別是在轉換期時發生；（四）可能是世代傳承下來的失功能模式（Corey, 2009, p.412）。

每個家庭都有自我調節的功能，只要系統中任何一個環節出問題，都會影響整個系統的運作，而系統則會發揮「平衡」（homeostasis）的功能，使其回復到之前的狀態，也因此家庭中若出現問題，很容易在家庭中就被處理，一直到個體成員（所謂的「被認定病人」或「代罪羔羊」）受不了，就表現出來。

家族理論裡有許多派別，不管是聚焦在家庭中個體的個別性，同時讓家人可以更有效的溝通（體驗家族治療），或是認為個人的問題植基於家庭互動模式（結構家族治療），以及認為當前的問題

是家中成員持續重複的行為而產生的，當事人（家中成員）「徵狀」的出現就表示問題的一種解決方式（策略家族治療）等，其所採用的治療方式都極具創意、多元，有些治療師會積極加入家族、操弄位階或「靠邊站」，企圖去撼動家人的互動模式或聯繫家族成員，讓問題獲得解決。

二、女性主義治療

女性主義治療者認為，許多女性的困境不是因為個人因素所起，而是環境或社會文化所導致，因此將性別與權力視為治療過程的核心，也就是不將問題焦點放在個人內在、不可改變的因素上，而是在評估當事人的困擾時，將社會、文化與政治脈絡等因素考量在內，特別是不同性別社會化過程或社會病態的力量。女性主義治療也挑戰了一般心理理論奠基於西方白人中產男性社會文化觀點，而是以女性角度出發，後來甚至擴及孩童、弱勢族群與男性（Corey, 2009）。

女性主義治療目的是讓當事人賦能，可以投入集體力量做改變；然而其治療雖然以社會行動為主，以改變社會結構或制度為目標，但因為定義模糊，只要是自認為符合其原則者，都可以是女性主義治療師。此外，此治療學派規範了許多治療原則，但是沒有其特殊的治療技巧，像是「性別角色分析」、「權力分析」或「再社會化過程」都是較為教育、認知導向的，不能歸納為技巧，因此其所使用技巧是從其他學派而來。

不同家族治療的重要觀點

體驗家族治療	奠基於人本取向的立論，相信人有選擇的自由、是自我決定的，治療師聚焦在當下（此時此刻），留意家中個別成員的主觀需求與情感經驗，同時也催化家庭互動過程。
結構家族治療	家庭是一個系統，其下有不同的「次系統」（如配偶、親子、手足等），這些次系統間有其權力位階，每位家庭成員的行為會影響家庭中其他人的行為，也受其影響，而個人的問題植基於家庭互動模式。
策略家族治療	治療師研發不同策略，以減輕當事人的症狀或問題，聚焦在當下，認為當前的問題是家中成員持續重複的行為而產生的，「徵狀」就代表問題的一種解決方式（生病或出現問題的人並不是「非自願性的受害者」），因此其重心放在「問題解決」。

 女性主義治療所注意的重點（Williams, 2005）

問題的情境結構	留意社會文化所扮演的角色及可能的「內化壓迫」。
強調社會正義行動的合理性	強調社會與政治的影響，也是女性主義與其他治療迥異之處。
建立支持與聯繫網路	許多問題不是個人因素單獨造成的。

＋ 知識補充站

　　體驗與關係取向諮商是將當事人視為主體（認為當事人是有能力、可以自己做決定的），重視治療關係以及諮商師呈現的三個核心條件，也是所有諮商師的「入門」理論與訓練。

7-19 系統取向的介入方式

家族治療師相信家庭是一個系統，只要有一位成員出現行為問題，都不是個人的因素，個人可能只是「展現」家庭問題的「徵狀」，因此要真正解決問題，需要結合其他家庭成員的力量與資源。

不同家族學派的治療師，會主動介入家族成員的晤談裡，甚至「選邊站」或讓家族在治療現場重現問題，了解每個人如何定義問題、在問題脈絡中的位置，以及家庭互動的模式，也催化出席的成員積極參與晤談，有些治療師還會分派家庭作業，讓家族成員去試驗新行為與合作活動。

家族治療師的介入技巧，大多是從個別諮商或團體治療而來，然而因為家人之間有血緣與情感的聯繫，處理起來比無血緣關係的團體要複雜，也因此許多的家族治療師都發揮創意，建立了許多意想不到的成果。

一、體驗式家族治療師

早期多運用不同學派的個別與團體諮商技術，像是完形學派、會心團體、情緒表達技巧與心理劇的家庭雕塑、玩偶訪問（family puppet interviews）、藝術治療、共同家庭繪畫（cojoint family drawings），以及完形的技術等。

二、結構家族治療師

使用加入與適應（joining and accommo-dating）、重建（enactment，將問題現場重新展現）、結構地圖（structural mapping）、標示與修正互動情況（highlighting and modifying interactions）、設立界限（boundary making）、造成不平衡（unbalancing），及挑戰無建設性的假設等技巧，企圖鬆動與重整家人互動方式。

三、策略家族治療師

使用加入與重建、指導性技巧（directives）、矛盾意向法（paradoxical interventions）、重新架構、苦刑（利用「開處方」的方式，讓家人參與一項活動或儀式，可能需要努力或耗費體力），與採取立場（治療師站在不同立場，激發家庭成員的反應或發表自己的想法）等方式，協助家庭解決成員徵狀或問題。

四、女性主義治療師

使用的技巧是折衷的，絕大部分是自其他學派而來，然而也有不同的介入方式，像是性別角色分析（gender-role analysis，與當事人分析討論社會與文化對不同性別的期待、養成與影響，分享彼此的性別經驗，性別角色是如何受到壓迫，以及其他非傳統角色行為的可能性）、權力分析（power analysis，協助當事人了解權力與資源的不平等分配，也會影響個人生活的現實面，與當事人一起探索和運用其他不同形式的權力，同時挑戰阻礙當事人運用權力的性別角色訊息）、閱讀治療（bibliotherapy，介紹或提供當事人一些書籍，讓當事人從閱讀中去了解與獲得療癒），與社會行動（social action，參與社會活動，以達改變的目的）等。

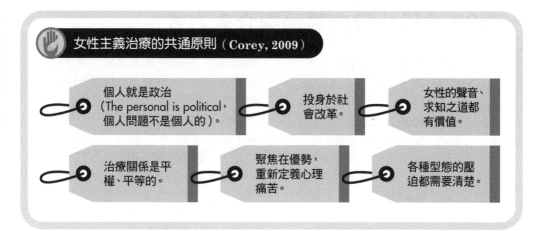

女性主義治療的共通原則（Corey, 2009）

個人就是政治（The personal is political，個人問題不是個人的）。

投身於社會改革。

女性的聲音、求知之道都有價值。

治療關係是平權、平等的。

聚焦在優勢，重新定義心理痛苦。

各種型態的壓迫都需要清楚。

女性主義治療要點（Kagan & Tindall, 2003）

社會一政治分析	女性經驗是由內在與外在環境互動造成，因此也要將大環境與社會文化因素納入考量。
性別角色	強調性別與性別角色刻板印象的影響。
以女人為中心的主軸	強調也重視女性的主觀經驗。
力量與無力	強調力量有不同來源。
對未來的樂觀遠景	強調改變的可能性。
對社會運動與改造的承諾	改變需要集體的努力，也要從社會與制度面改起。

＋ 知識補充站

　　絕大多數的心理學理論都是從男性觀點出發，忽略了女性經驗，心理學領域也不例外，而所謂的「主流」論述，事實上幾乎都是「男流」的論述。傳統理論幾乎是以幾個過時假設為依據，它們是男性中心（以男性取向來建構人性，並做出結論）、性別中心（將性別發展分為不同路徑）、種族中心（假設人類發展是跨越種族、文化與國度的）、異性戀理論（以異性戀為主流，貶低同性關係）、內在心理取向（將行為歸因為內在因素造成），以及「決定主義」（人格與行為在發展早期就已決定）。

7-20 後現代取向理論與介入方式

一、後現代取向的理論

所謂的「後現代取向」（post-modernism）的治療，其理論是以「後建構主義」（post-structuralism）為基礎，主要理念有：主體性（每個人都是主體，都有其價值與觀點）、意義（意義是從人的互動中產生，也共創出來）、語言（語言使用的重要性）（Weedon, 1997）。本章會介紹此取向裡的「焦點解決」與「敘事治療」。

1. 焦點解決治療

主要是鑑於「時效」而產生，也相信當事人是自己問題的專家，有其尚未運用的資源，希望可以在短時間之內，以極少的諮商次數來達成治療目標，治療就是治療師與當事人兩造之間的對話，治療師遵循著「解決架構」（solution frame）進行「解決的談話」（O'Connell, 2007）。

焦點解決具有省時（諮商時間短）、節約（諮商次數少）、簡單（若無效就改變）、樂觀（看到問題的解決面）、未來導向（不鑽研過去），以及尊重當事人的資源（以當事人為專家）等特色。

2. 敘事治療

人是在與他人互動中形塑自我，因此不免受到社會文化的「定義」，甚至會因為具有一般社會不認可的特質或標準，而淪為非主流的弱勢地位，敘事治療師企圖將自我定義的主權回歸給當事人，擺脫其弱勢與受害者立場，重新建構有力、自信且具希望的多元身分。

諮商師以當事人為專家的立場（諮商師是站在「不知」的角度），維持一種尊敬與好奇的態度。敘事治療目標通常由當事人做決定，也就是治療師是陪同當事人重寫他們的生命故事，將個人敘事再開發，以及重新建構自我認同（White, 2007/2011, p.70）。

二、後現代取向的介入方式

焦點解決所運用的技巧，大多承襲「敘事治療」而來，像是：找尋例外（喚起當事人曾有過的成功經驗與能力）、讚美（看見當事人具體的優勢）、奇蹟式問句（以「問題解決」為導向）、評量問句（評估目前與進步狀態，讓當事人清楚未來目標與行動）、實驗與家庭作業等。

敘事治療師使用了許多問題技巧，「提問」是為了要引發經驗而非蒐集資訊。基本上有以下幾種：

1. 解構問題（deconstruction questions）： 協助當事人從不同角度看自己的故事。

2. 開放空間問題（open space questions）： 一旦問題角度拓寬了，就有許多空間可以容納「特殊結局」。

3. 較喜愛問題（preference questions）： 與當事人一起共構新的故事時，要一直反覆確認故事的方向與意義，是不是當事人較喜愛的。

4. 故事發展問題（story development questions）： 一旦空間足夠容納一個特殊結局，或當事人喜愛的發展時，就可以開始詢問讓故事更深度描繪的問題。

5. 意義問題（meaning questions）： 邀請當事人從不同的角度反思自己的故事、自己，以及與他人的關係，可以讓他們重新去思考與體驗特殊結局、較喜愛的方向與新建立故事的影響等（Freedman & Combs, 1996）。

小博士解說

「外化問題」是「解構問題」的一種，將「人」與「問題」分開，也造成改變的可能性，如：「『發脾氣』這個東西，最常在什麼情況下出現？」

焦點解決治療的基本理念

如果沒壞，就不必修理。

如果有效，就做更多。

如果無效，就採取不同行動。

小步驟可以造成大改變。

沒有問題會一直存在，總是有例外的時候。

「解決語言」的發展不同於問題描述。

未來是可以創造與妥協的。

解決之道不需要與問題有直接的關連。

 不同取向的基本立論

取向	學派	基本立論
心理動力取向	精神分析學派	行為或性格由非理性（生與死的慾力）力量、潛意識動機與生物驅力所決定。
	新佛洛伊德學派	拒絕佛洛依德的「決定論」，將社會與文化因素納入影響人格的力量。
	心理動力治療	關切當事人的性心理、社會心理與客體關係發展，對個人的影響。
	自體心理學派	自我（體）與重要他人的客體關係，對其人格的建立與健康有莫大關連。反對佛洛伊德的強調父職；聚焦在母子之間的聯繫；強調文化與環境對人格形塑的力量。
	客體關係學派	從早期童年到目前的關係，甚至連結到當下治療關係的發展。
關係與體驗取向（或稱「人本取向」）	人本中心學派	人有成長與發展的潛能，朝向「自我實現」目標邁進，有解決問題與做決定的能力。
	阿德勒（個體）心理學派	人的行為有其目的，受到社會興趣所驅使。人有克服自卑的能力。我們從自己的角度來看世界並做選擇。
	完形學派	人有責任在自己的人生中找到定位，並為自己的行為負起責任。
	存在主義學派	人生存的現狀包括自我覺察、自由選擇、責任與焦慮，人要尋找生命意義及自己的定位。
行為取向	行為主義學派	人的行為受學習因素與社會文化的影響，學習是經由「制約」而來。
	BASIC I.D.	要顧慮到多面的因素，以做為治療之基礎，評估BASIC I.D.（行為、情感、知覺、想像、認知、人際關係、藥物與生物因素）。
認知行為取向	理情治療學派	我們的想法會影響我們的感受與行為，重要的是我們怎麼解讀事件。
	認知治療	人的情緒反應是針對特殊情境的詮釋而產生。
	溝通交流分析	我們的溝通有「社會」與「心理」層面，人有社會性、自覺能力與負責任。
	現實治療	人對自己的生命有自決權，人需要選擇有效方式以滿足其需求。
後現代取向	敘事治療	人往往受困於主流文化的威權，不能發展出主體性而感到挫敗。
	焦點解決諮商	人是自己問題的專家，有能力解決自己面臨的困境。
	女性主義治療	個人是政治的、權力的不平衡造成許多弱勢無法為自己發聲。
生態脈絡取向	生態諮商	「人」與「環境」是互相生成與影響。
	社區諮商	改變個人的成效不顯著，讓整個社區改變才是長治久安之道。
	多元文化諮商	人都是「在社會脈絡中的人」，而這些脈絡深深影響著裡面的個體。
	家族治療	人身處在家庭這個系統中，牽一髮而動全身。

第 8 章
統整情緒、
認知與行為介入方式

學習目標：

　本章就情緒、認知與行動等不同介入方式做統整與說明，這些介入方式在所有

助人歷程裡都可以使用，只是使用的方式、多寡或重點不同而已。

8-1 情緒介入方式

一、情感反映

諮商師利用自己的觀察，以及與當事人晤談所得，直接以語言方式反映當事人的情緒，可以協助當事人體驗自己的情緒、認識自己在某些情況下可能有的情緒，而這些情緒有特定名稱，進而接納自己的情緒（也接納情緒是自己的一部分），當然會對自己更加了解。

協助當事人聚焦在自己當下的感受，表達未說出的感受，這些都是催化其稍後展開行動力去改變的引擎。諮商師使用情感反映技巧，協助當事人指出、澄清與深入表達感受，同時也用來鼓勵當事人宣洩情緒（Hills, 2009/2013, p.140）。

二、同理

同理心的技巧是諮商師入門的能力指標，同時也是解開當事人心防的最重要關鍵。許多當事人前來求助，是因為「不被了解」，特別是情緒與感受部分，當諮商師可以將當事人內在隱而未說的情緒也表達出來，當事人通常會因為「終於被了解了」而表現出激動情緒，打開其久蟄的心房，而這才是治療的開始。

同理心需要將當事人的感受、想法，甚至作法，都盡量明確表達出來，因此諮商師要深入當事人的經驗去體會。

三、空椅法

運用空椅法或雙椅法的技巧，可以讓當事人體驗與了解不同立場、角色或自己內心的真實聲音，是一種極具震撼力的技術，因此要謹慎使用，必須在當事人準備好時才運用，不可操之過急。

諮商師的示範與演練，可以協助當事人減少焦慮與戒心，也讓當事人有機會在觀摩之後仿效。

四、自我揭露

自我揭露展現了諮商師是凡人的一面，可以讓諮商氣氛更開放，讓治療關係更平權，同時展現諮商師的溫暖與人性，縮短與當事人間的距離。此外，提供自己曾有的經驗或體會，也可以讓當事人更能表露情緒、重拾希望，也看見自己忽略的部分。

儘管自我揭露有許多優點或益處，但是諮商師需要切記，不能為了自己的利益而做自我揭露，也就是要很清楚自己為何要做自我揭露。

五、誇大練習

誇大練習可以針對當事人的一些迷思處用力，將重點放在當事人的身體姿勢、臉部表情，或是信念與陳述上，其功效是覺察與提醒當事人沒有注意到的部分，也可以展現其荒謬、不合理的思考。像是當事人一緊張就會眨眼睛，請當事人誇大眨眼動作，然後詢問其感受，也可以請當事人為自己的眼睛說話；若當事人的某些陳述很不合理，如：「完了！我這回完蛋了！我一定會被炒魷魚！」諮商師可以請當事人誇張演出其陳述問題的方式，藉此提醒當事人，事情可能不如其所說的那樣。

情感反映的好處
（Hill. 2009/2013, pp.140-142）

★ 在當事人拒絕去體驗痛苦感受時，表示關心與同理。

★ 協助當事人進入其內在經驗，進而認識與接納自己的感受。

★ 協助當事人標示自己的感受、明白感受。

★ 讓當事人有機會去思考與檢視自己的感受。

★ 引導當事人更深入地探索與澄清自我的感受。

★ 允許當事人接受自己可能同時有的矛盾與複雜情緒。

★ 示範情緒的表達。

★ 化解當事人之抗拒。

★ 展現諮商師對當事人的了解。

★ 有助於建立關係。

★ 當事人也可給予諮商師回饋，釐清諮商師了解或不了解之處。

 諮商師處理情緒的無效行為
（Hackney&Cormier, 2009, pp.186-187）

★ 解釋情緒的意義（以理智的分析讓自己與情緒遠離）。

★ 直接告訴當事人該做什麼。

★ 再三保證與解釋一切都會沒事。

★ 變得焦慮並改變話題。

★ 沉默或情緒退縮。

★ 自我揭露或提到自己的情緒。

★ 以小看問題的方式來拯救當事人。

★ 過度認同當事人，逼迫當事人採取行動以去除那種感受。

 各取向有關自我揭露的不同論點（Hill. 2009/2013, pp.240-241）

學派	論點
精神分析取向	★ 諮商師的自我揭露會汙染當事人的移情歷程。　★ 對解除治療迷思有害。 ★ 降低諮商師地位。　★ 顯露諮商師的弱點，有損當事人對治療師之信任。 ★ 若諮商師揭露自己未解決的反移情，會嚴重抵消當事人從治療獲益的能力。
人文取向	★ 有助於治療關係之平衡。　★ 增進治療關係。　★ 有助於移情關係的導正。 ★ 諮商師更有自發性、真實地示範正確的自我揭露。　★ 促進當事人的自我揭露。
認知行為取向	★ 增強治療關係。　★ 催化當事人的改變。 ★ 提供當事人有關人際影響的回饋。　★ 示範人際互動的有效方式。

8-2 情緒介入方式（續）

六、角色扮演

要當事人站在不同立場或角色，去感受或思考，或許就會改變其想法或信念。在諮商場域，諮商師與當事人說話的機會很多，然而「談」感受像是隔靴搔癢、無法真切體會，因此使用角色扮演方式的「類真實」演出，可以激發出較為貼切的感受，這也是培養同理心時可以運用的技巧。

七、停留在那個感覺上

我們的許多感受常常是稍縱即逝、抓不住也摸不著，有些感受是我們最想要逃離、迴避，不願意面對的，然而也正因為如此，沒有辦法真確體認感受帶給我們的衝擊或含意。鼓勵當事人「停留」在那個感覺上，深入去體會與了解自己害怕（或「不喜歡」）情緒的感受，這樣做是需要勇氣的，然而可以讓當事人對情緒的忍受力增加，願意做更進一步的探索與成長。

八、引導想像

用想像的方式可以引出許多情緒，有時候直接接觸會引起太大的焦慮，因此引導當事人做想像，雖然隔了一層，較不真實，但可以就「擬似」真實的情境來做嘗試。我們一般人的想像力是很豐富的，像是怕高的人一想到自己在高處，自然就會出手汗。引導想像可以具體地讓當事人去體會某些情境下的感受，有時候諮商師也可以用敘述的方式，慢慢引導當事人進入情況。

九、使用隱喻或比方

隱喻是語言使用與溝通的一種方式，諮商師可以在適當時機使用，當然也可以讓當事人嘗試。隱喻有精煉與連結的功能，可以將想法或情緒以濃縮方式表示出來（Siegelman, 1990）。有些當事人不太會使用情緒的字眼來形容自己的感受，諮商師就可以試著請其利用打比方的方式來描述，像是：「感覺胸口有一塊石頭壓著」（難過、不舒服、沉重）、「我好像要飛起來一樣」（快樂、雀躍）、「我是他心目中的天」（很重要、受寵渥）。當事人或許有自己的創發，諮商師也需要將其轉為一般的情緒語言，讓當事人確認，這樣的隱喻或打比方才有效果。

十、提問

諮商師最簡單的介入就是提問，探索情緒或感受時，也可以由問題出發，詢問當事人的感受，或是請其描述感受。有時候會遇到當事人詞窮，或是不知道以哪一個詞來描述，諮商師也可以嘗試提供適當的語彙，列出幾個情緒詞讓當事人選擇。

十一、其他媒材的使用

諮商師可以藉由閱讀、影（短）片觀賞、催眠、遊戲等的不同形式媒材，讓當事人自由投射或表達其感受，或是以「未完成語句」的方式與當事人做對話（或書寫），都可以達到情緒介入的療效。

小博士 解說

諮商師雖然以當事人所攜入的「議題」為主，但是會先花許多時間探索當事人對議題所引發的情緒及想法，一般通則是讓當事人有適當的情緒表現或出口，接下來才處理問題解決部分。

Kottler & Kottler建議的諮商過程與技巧（2007/2011, p.32）

階段	評估	探索	理解	行動	評量
技巧	專注 傾聽 聚焦 觀察	反應情緒 回應內容 探問 問話 感覺同理	詮釋 面質 挑戰 供給資訊 自我揭露	目標設定 角色扮演 增強 做決定	詢問 摘要 支持

 引導想像示例

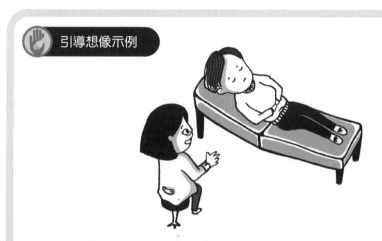

閉起雙眼，先做一次深呼吸，然後把自己帶到一幅讓你／妳很舒服的畫面前，好，暫停在這裡，你／妳看到什麼（請當事人描述一下）？你／妳的感覺是……

你／妳走在一個陌生的城市，身邊的家人突然間都不見了，眼前的景物也都不是你／妳所熟悉的，你／妳覺得……

你／妳被一大堆人狂追，看樣子他們是想要對你／妳施暴，你／妳想求救，卻發現自己發不出聲音來……

8-3 **認知介入方式**

認知介入技術主要是改變或修正當事人的想法，或是從不同的角度觀看事物，只要想法獲得改變，情緒與行動也會隨之不同。認知取向學派學者認為，個體對於事情的解釋不同，所產生的情緒與行動因而有差異；而往往造成我們情緒困擾的，正是我們的想法。文化亦與認知息息相關，也就是我們所從生與置身的文化環境，影響我們對於事物的信仰與看法甚大。

認知技巧包括：摘要、引出與修正思考、問題解決、提供資訊、做決定、重新架構、停止思考、正向自我對話、矛盾意象法、開立處方、抵制改變等。此外，認知學派所提供的一些技巧也都是。本章只整理常用的一些技巧，詳情請參酌本書相關章節。

一、引出與修正思考

這是諮商師常常使用的技巧，問一些問題、使用投射技術（如語句聯想或繪本）等，來引發當事人說出來或繼續說下去，同時也注意當事人是否有資訊不足或錯誤的訊息與信念。像是有當事人會說：「沒有人喜歡我？」諮商師會問：「連一個都沒有？」讓當事人有機會去檢視自己的說法與想法。

二、摘要與回饋

諮商師使用摘要的目的是拿捏晤談重點，表達自己理解當事人所說，也讓當事人有澄清的機會，有時候不妨讓當事人就當日晤談內容做摘要，做為評估及確定當事人在該次晤談的收穫。就如同先前所說，在諮商開始初期，治療師需要承擔較多的責任，然而隨著諮商進程，諮商的責任就可以慢慢轉移到當事人身上，因為當事人必須要為自己的改變與生命負責。

回饋帶有支持、挑戰及提供學習機會的意義，可以口語或動作（如加油、拍背）為之。諮商師給予當事人回饋的內容，可以包含觀察所得（如當事人的優勢、特點或挑戰）、當事人進步情況或付出的努力，以增進當事人之自我了解。

三、提供資訊

對有些資訊較不足或不正確的當事人，治療師可以提供相關資訊或網站，補充當事人的不足、釐清一些迷思（如對同志不了解的家長），或讓其可以有更明智的判斷與決定，甚至是讓當事人知道相關的組織（如罕見疾病的自助會）或資源（如財務補助），當事人可以更清楚狀況，減少情緒上的困惑或焦慮。提供資訊不是給予指導，只是讓所提供的事實與資料，協助當事人更清楚或做較好的決定或選擇。

小博士解說

有時候為了讓當事人對某些議題或論點有更清楚的了解，但礙於諮商時間有限，或者當事人不容易被說服，可以直接提供當事人閱讀的內容或書籍（如 REBT 會提供理情行為治療的相關書籍，女性主義治療師會運用閱讀治療），甚至介紹影片（如有關性傾向少數的電影）或網站，讓當事人可以自行去吸收與理解。

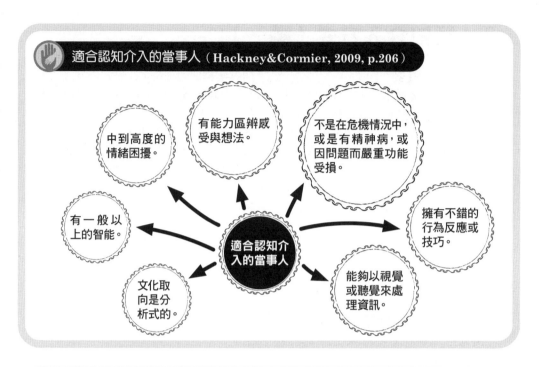

適合認知介入的當事人（Hackney&Cormier, 2009, p.206）

中到高度的情緒困擾。

有能力區辨感受與想法。

不是在危機情況中，或是有精神病，或因問題而嚴重功能受損。

有一般以上的智能。

適合認知介入的當事人

擁有不錯的行為反應或技巧。

文化取向是分析式的。

能夠以視覺或聽覺來處理資訊。

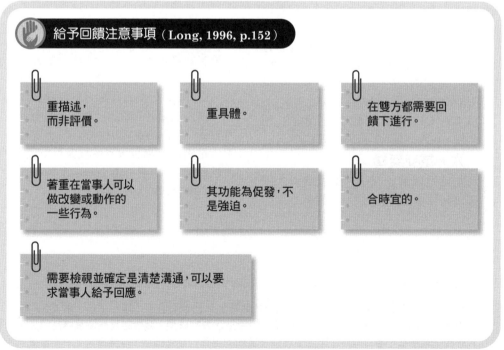

給予回饋注意事項（Long, 1996, p.152）

重描述，而非評價。

重具體。

在雙方都需要回饋下進行。

著重在當事人可以做改變或動作的一些行為。

其功能為促發，不是強迫。

合時宜的。

需要檢視並確定是清楚溝通，可以要求當事人給予回應。

8-4 認知介入方式（續一）

四、停止思考

有時候我們會鑽牛角尖，特別是在困境時，而一直「反芻」這些想法，讓自己更陷入憂鬱或負面情緒中，可以建議當事人用語言或實質的物品（如橡皮筋或張貼一些警示語），在負面的想法出現時，告訴自己「停止思考」，或彈一下手腕上的橡皮筋，提醒自己不要繼續想下去。像當事人常常在事情不如意時怪罪自己，說自己很差勁，只要有這個想法或聲音出現，立刻喊：「停！」然後去做其他的事，不要讓自己陷入這樣的想法裡。

五、正向自我對話

認知行為學派學者認為我們常常會「自我灌輸」一些負面的語言，讓自己情緒低落或貶損自尊，因此若是相對地採用「正向」的自我對話，可以一改過去的習慣，從新的角度看自己。像是我們的性格總是有相對的部分，如「無知」的另一面可能是「純真」，「固執」的另一面是「堅持自己的想法（或作法）」，練習去找出自己的優勢或曾有過的成功經驗，正向自我對話就變得可能。

六、重新架構

「重新架構」又稱「重新框架」或「重新建構」，是「從不同和較正面的角度解釋問題情境，改變知覺方式的歷程」（Gladding, 2011, cited in Magnuson & Norem, 2015/2015, p.79），或是從不同的觀點看問題，提供新的解決方向或希望，藉此可改變當事人「定義問題」（Kottler & Kottler, 2007/2011, p.80）或解釋事情的方式。「重新架構」也是許多諮商理論學派喜歡運用的技巧之一。

我們一般人較不習慣從正面的角度看問題，也常常代表主流思想的壓迫，像是「行為偏差」學生通常是「一無是處」，這樣以偏概全的說法，常常抵消或忽略了當事人的優勢資源或行為動機，因此需要注意。

諮商師的功能是讓當事人恢復以往的能力或培養其能力，因此要了解當事人現有的資源、協助其喚起或運用，而不是將當事人視為無能的個體，這樣當事人才有改變的動力與行動。

重新架構可以：（一）挑戰當事人既定的假設；（二）提供當事人另一種看問題的情境與世界觀的視野；（三）挑戰當事人僵固或固著的類別，像是「過動兒童」是「精力旺盛」的孩子；（四）讓當事人重新創造自身現實的框架；（五）灌輸當事人希望（Magnuson & Norem, 2015/2015, p.80）。

小博士解說

負向的自我對話常常出現在個體有挫敗經驗時，自己會有許多「落井下石」的 OS（內在對話），像是：「我就是這樣沒用，好事在我手上都會被破壞，我實在是一個很糟糕的人，我想我一輩子都不會成功。」因此要將這些負向的自我對話做改變，需要練習，一步步來。

認知重建的方式（不限於此）

家庭作業

重新標籤

幽默

檢視自己的想法並列出替代想法

重新架構

辯論

改變自我對話

誇大練習

蘇格拉底式對話

尋找例外

扮演反轉（或對立的）角色

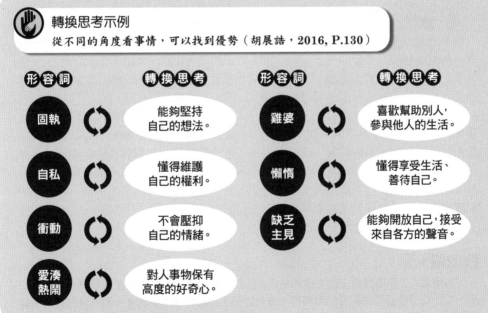

轉換思考示例

從不同的角度看事情，可以找到優勢（胡展誥，2016, P.130）

形容詞	轉換思考	形容詞	轉換思考
固執	能夠堅持自己的想法。	難婆	喜歡幫助別人，參與他人的生活。
自私	懂得維護自己的權利。	懶惰	懂得享受生活、善待自己。
衝動	不會壓抑自己的情緒。	缺乏主見	能夠開放自己，接受來自各方的聲音。
愛湊熱鬧	對人事物保有高度的好奇心。		

8-5 **認知介入方式（續二）**

七、認知重建

「認知重建」（cognition restructuring）是從認知著手的重新架構方式。「重新架構」是粗淺的改變認知、維持時間不長，而「認知重建」則是一種基本、哲學信念上的改變，會持續很久，甚至終生。正因為會持續很久，因此認知重建或改變，需要花極多的時間與力氣來達成。

運用「認知重建」技巧，協助當事人以其他可行、建設性的想法，來替代舊有、無效的非理性想法，或是協助當事人監控自我敘述，找出不適應的自我對話，以更適合的自我對話來取代。

可以採用的方式，如：辯駁當事人非理性信念、列出類似「貝克三欄」的檢視／改變想法與情緒方式，規定一些實作家庭作業讓當事人從做中學習，打破一些錯誤信念。

八、幽默

幽默也是一種從不同角度思維的方式，甚至以誇張、荒謬的方式呈現，讓當事人看見自己思考的錯誤，但不會有被譴責或貶抑的感受，而是可以與諮商師一起笑。像是當事人說自己一直在減重卻「越減越肥」，諮商師回道：「我同意，我自己也有相似的經驗，現在發現自己是減重上癮了！」幽默本身傳達了無批判的了解，而分享歡樂時基本上就減低或消除了責難與對立的氣氛，加上幽默所展現的創意想像及正向的能量，

有助於問題解決與目標設定（Sharry, 2004, pp.27-28）。

九、做決定

協助當事人將一些決定的好壞（或優劣）列出來，或是諮詢一些有經驗或成功人士等，這樣可以協助其做出較有智慧的決定。像是協助當事人分析現有工作與新工作機會的優劣點（如右圖），將這些條件具體寫下來，思考也會較有依循且清晰。

諮商師不為當事人做決定，而是站在諮詢或資源提供的立場，協助當事人清楚了解做決定的選項、箇中優劣，以及需要的資源或支持網絡。

十、問題解決

諮商過程就是協助當事人抒發情緒與解決問題的過程，諮商師不會將當事人視為無知或不試著去解決問題的個體，除了先詢問其如何試圖解決眼前的問題與有效程度如何外，也會詢及其之前有過的成功經驗（喚起其原有的能力），然後會提供一些可能的解決之道，了解當事人是否曾經嘗試過。

若是發現當事人可能因為能力不足，就會培養或訓練其能力，也就包含問題解決的部分。問題解決的步驟有：定義問題、尋求資源、腦力激盪列出可行方式、評估各項方式之優劣點、選擇要採取的行動、執行與評估等。

小博士解說

「轉個彎，人生更美好」就是重新架構的一種應用，至少要讓自己看見事情（正向）的另一面，就不容易沉浸在負面思考裡。像是迷路了，雖然趕不上約會，但可以欣賞另一個不熟悉的街景、看見不同的人文風貌，也是不錯的事！

何謂幽默（Mosak, 1987, pp.16-17）

由人際互動產生的。

其功能為：允許我們嘲笑自己、與他人有聯繫、較能忍受面對的問題，因此具有療效。

幽默

必須要兩造可以意會（認知條件）。

具有社會（人際）功能。

 幽默的使用情境與功效
（Witmer & Sweeney, 1995, p.27;蕭文，2006, pp.8-9）

使用情境
★ 在治療關係陷於停頓或困住時。
★ 當事人陷於情緒瓶頸時。
★ 當事人有不合理信念或僵化思考。
★ 當事人不斷找藉口、拒絕改變時。
★ 當事人表現出焦慮時。

功效
★ 為問題解決打開彈性空間。
★ 減少防衛。
★ 在壓力減低後可促進溝通。

 比較工作優劣之示例

現在的工作

 優
已經待五年，有經驗。
收入還算可以。
離家較近，可照顧家庭。

 缺
工時較長。
不喜歡上司。

新的工作機會

 優
是我較喜歡的工作性質。
有朋友在那裡可互相照應。
工時較短。

 缺
離家較遠。
要適應新同事。

8-6 認知介入方式（續三）

十一、辯駁

辯駁的目的在於：除去非理性思考，獲得新的、內化的新理性信念系統（Hackney & Cormier, 2009, p.214）。辯駁不是與當事人逞口舌之利，而是舉出證據，或是以緩和的態度，做理性的論述或邏輯推理，與當事人站在平等的立場做意見交換。

使用辯駁技巧與一般諮商技巧一樣，需要觀察與理解當事人對此介入的看法與反應，倘若當事人對此反感，就需要謹慎小心。

十二、矛盾意象法

矛盾意象法是需要審慎評估之後才能採取的方式，因為有時候會很危險。其主要目的是讓當事人「做」與「不做」都能夠產生治療想要達到的效果。

像是要求花錢無節制的當事人「有計畫地去花五千元」，當事人若是不願意花錢（不做），就省了一筆錢，若當事人決定「有計畫地」去花錢（做），也讓他／她開始有意識地管理自己花錢的方式，而不是無節制地亂花錢。

矛盾意象法的介入方式，包括「重新架構」、「開立處方」、「抗拒治療的改變」，以及「與當事人站在一邊」，而理情行為學派的「羞愧攻擊」（讓當事人去做一件他／她認為不敢做、很丟臉的事，像是去超商換不同的零錢，破除當事人原先認為的羞愧感或不敢做的事），也是矛盾意象法的使用。

十三、抵制改變

抵制改變是一般人的習慣，畢竟要踏出自己熟悉的舒適圈，走入未知的領域，的確需要有較符合經濟效益的評估，才會去做改變，因此諮商師要認可抵制改變是人的通性。

在治療過程中，有時候諮商師擔心當事人做的改變太急促或太大，容易失敗或受到重要他人的抗拒，因此會有「抵制改變」的策略，其目的是希望當事人可以緩下腳步，慢慢進行，像是：「喔，不要一下子減（重）太多，到時候有人認不出你來，不是很可笑嗎？」有時候當事人並不想要做改變，或是擔心改變之後的效果不如預期，治療師也可以採用「抵制改變」的策略，像是：「沒關係，維持現狀就好，因為目前的情況還不是太糟。」這聽起來有點像是反話，可以讓當事人進一步思考改變之可能性。

十四、詮釋或解釋

諮商師蒐集到足夠的資訊時，可以做暫時性的解釋，以精神分析學派的作法，是希望能夠連結當事人過去經驗與現在的評論。詮釋雖然是精神分析學派的精髓，但現在也是一般諮商技巧會使用的選項之一。當然，不能以諮商師的解釋為權威或唯一，而是諮商師站在自己的理論觀點上，試圖連結事件並創造出意義；當事人不一定同意，只是將其當作參照之一，若其同意諮商師的詮釋，也必須要負起責任，並思索下一步目標或行動。詮釋除了要注意當事人的準備度之外，還要遵守適時及由淺入深的原則（Corey, 2005, p.71）。

詮釋可達成的目的
（Weiss, et al., 1993, cited in Brems, 2001, pp.278-279）

學習更正確、正面地看自己。

開始了解自己當下的感受、想法與行為。

減輕焦慮。

減少無助、無望感。

讓當事人自我覺察更多且更深入。

減少羞愧。

開始放棄病態的信念。

使用詮釋與給予忠告的注意事項
（Brems, 2001, pp.282-283; Benjamin, 1987, cited in Doyle, 1998, p.231）

	注意事項
使用詮釋	★ 要在治療關係穩固後才做。 ★ 要在運用一些認知策略成功後使用。 ★ 要以尊重、溫和的方式詮釋。 ★ 要減輕當事人可能的防衛或抗拒。 ★ 詮釋應針對不同當事人量身打造。 ★ 應針對當事人的「整個人」（而非「部分」），做相關與尊重的詮釋。 ★ 只做部分的詮釋可能會失焦，也會造成當事人對於治療本身或諮商師的誤解。 ★ 詮釋時要注意「具體」與「直接」的原則。 ★ 若當事人在認知彈性與客觀程度上，或抽象思考方面尚未具備適當能力時，使用詮釋可能事倍功半。
給予忠告	★ 忠告來得太早或阻斷重要談話，可能會阻礙與當事人的有效溝通。 ★ 忠告會妨礙當事人學習重要資訊，讓當事人更依賴治療師。 ★ 當事人拒絕忠告時，會讓當事人的防衛更嚴重。 ★ 諮商師若非某領域專家，給予的忠告可能就不當或無關緊要。 ★ 當事人可能會錯誤解讀諮商師的忠告。 ★ 當事人可能因為本身或其他因素，未能遵循諮商師的忠告。 ★ 或許當事人不了解諮商師給予忠告的意義。 ★ 諮商師給予的忠告不符合當事人的信念。

8-7 **認知介入方式（續四）**

十五、挑戰與面質

挑戰與面質通常是用在認知技巧裡，然而也可以引發當事人的一些情緒，讓其更深入地探索自己。挑戰提供當事人不同的觀點、立場或角度看事情，讓當事人可以去思考或反省其觀點或立場，引發更深層的探索與思考。可以藉由觀察與陳述不一致的地方，或是經由詢問、論辯方式進行，基本上會在治療關係穩定之後，並採較為溫和的方式進行。

十六、提問

不同的提問方式，可以協助當事人釐清自己的想法脈絡與考量，提醒其忽略或未注意的面向及細節，了解當事人的思維與歷史。

除非在若干及危機處理的情況下，諮商師需要詢問一些封閉性的問題（答案是「對」或「錯」、「是」或「不是」等），在一般情況下較鼓勵開放性問題。

此外，像焦點解決使用的「評量問題」，可以讓諮商師與當事人更具體了解自己目前的情況及可達目標為何；「奇蹟式問句」（如「如果有一天，你／妳睡醒時，發現問題不見了，你／妳會看到什麼情況？」）可以協助當事人設定諮商目標；「關係問句」，如：「當你有所改變時，誰會最先發現？」讓當事人看見行為的影響力；而「重新架構」的問題，如：「我剛剛聽到的好像不是倒楣的經驗，而是你都撈到好處的故事？」讓當事人可以從另一個觀點看事情。

十七、分享故事或經驗

對於年輕的當事人來說，知道其他人有過的共同經驗或故事，不僅可以減少孤單感，也讓其有希望感，或是從他人的故事裡學習到轉圜或解決之道。

諮商師可以分享有關自己聽聞或協助的當事人之故事，或藉由偶像或歷史故事，也可以讓當事人獲得頓悟或激勵。

敘事治療學派還將有過相關經驗者列為「諮詢專家」或「顧問」，將其經驗與當事人分享，這樣的真人實事分享更具震撼力。

其他

諮商師的自我揭露相關經驗，提供建議或忠告，或者是運用故事、箴言、寓言（或格言）、繪本等方式，可以讓當事人了解到諮商室以外的資源，與一般人的共同經驗，進而讓當事人看見希望或改變的可能性，也增強當事人的理性信念。

此外，認知治療使用的「產婆式」對話，也是釐清事實或錯誤觀念的方式，而家庭作業的訂定，可以讓當事人從行動中打破自己認為的「不可能」或阻礙，也就是破除迷思、有新的思考或信念產生。

當事人面對挑戰的反應與諮商師的作法（Hill, 2009/2013, p.211）

當事人的反應	諮商師的作法。
拒絕	需思考如何與正確處理挑戰，當事人是否準備好。
沒反應	評估挑戰之呈現是否有效、正確，當事人是否有防衛心。
部分接受、承認及檢視自己，但沒做改變	繼續溫和面質，協助當事人往前走，也可反映改變的可怕，並協助當事人克服恐懼。
有新的覺察與接納	整理之後做解釋動作。

 貝克三欄示例

發生事件	當下感受與想法	可能的其他想法
上課遲到	糟糕，可能會被當。老師印象差。	這次的失誤可以向老師說明。下次可以早點出門。
趕著接小孩卻碰到塞車	焦慮、緊張、生氣，覺得自己是不適任的家長。	塞車不是我能控制的，下回可找替代路線，並先打電話給老師，請其協助。

➕ 知識補充站

　　當事人在整個諮商過程中會測試與諮商師的關係。相信治療關係的諮商師願意坦然面對當事人的挑戰，而且會試圖了解當事人為何如此做？許多當事人在生活中不相信有真誠互信的人際關係存在，表現在諮商室的情況也如此，在當事人了解諮商師是無條件積極關注其福祉時，就會願意敞開心房。

8-8 行為介入方式

通常對當事人的改變之最佳判斷，是從行為的改變開始。在諮商過程中，當事人也會有所改變，因為接收了不同的訊息，可能有不同角度的思考與觀點，加上了解事情的可能原因或意義，都可能造成當事人感受、思考的改變，然而最終一擊還是希望可以看見當事人採取行動，造成改變的結果，因此行動階段的技巧就需要留意。行動階段所採用的，雖然以行為介入較多，但治療師還是會運用適當的認知與情緒技巧，促使行動發生。

雖然改變可以從情緒與認知面向的改變開始，然而這些面向的改變較難以覺察或評估，因此治療最後都希望可以「看見」或「評估」行為改變的發生，可信度也最大。

行為介入主要是讓當事人可以做改變且真正去執行，然後持之以恆。Prochaska 與 Norcross 特別提到跨理論的改變過程，分別是：一、思考前階段：當事人沒有興趣做改變；二、思考階段：當事人覺察到自己的問題，並認真地思考改變的可能性；三、準備階段：當事人有意願展開改變的行動；四、維持階段：當事人在諮商結束後，仍持續改變的效果（cited in Masson, Jacobs, Harvill & Schimmel, 2012, pp.378-379）。

一、問題解決技巧

當事人都有解決問題的能力，只是有時能力不足或選項不夠多，因此「問題解決技巧」是諮商師可以介入的方式。協助當事人釐清目標、創發或探索可行之道（與結果）、協助其擬定執行計畫、討論與評估執行後的成果與改進方式（Nelson-Jones, 2005, pp.182-186）。

在絕大多數情況下，當事人都已經努力處理或解決過所面對的問題，只是那些方法的效果有限，或是製造出更多問題，因此當事人才會來求助。諮商師不會將當事人視為無能的人，而只是遭遇困境者。因此，諮商師在許多場合中，其實就是協助當事人將原有的能力與能量發揮出來，而不是「外加」給當事人能力。

一般人的習慣是以慣有的方式解決問題，或是害怕改變之後問題會更嚴重，因此按兵不動，總是要等到事情似乎無法收拾了，才會思考解決之道。以家族系統的觀點來看問題，有時候家庭採用的解決途徑其實是讓問題更嚴重（如讓懼學者待在家裡），卻無法思索出較佳的解決之道，使得問題在這樣的循環之下，反而成為無解的習題，因此諮商師的介入方式，就是去破壞這樣的循環，使其停止同樣的模式，並加入新的元素。

倘若當事人缺乏解決問題的策略或技巧，諮商師就會與當事人一起研擬可以採取的行動，甚至教育當事人一些可行的解決方式。若當事人為孩童，最好將其重要他人也納入處遇計畫裡（Hackney & Cormier, 2009, p.165），因為孩子受到環境的影響最大，需要將其環境資源等都放進來，計畫執行率才會提升，要不然只有弱勢的孩子在那裡孤軍奮鬥，不僅會折煞諮商效果，也有可能讓孩子遭受更大的痛苦。

改變產生的條件
（Rogers, 1951, cited in Hill, 2009/2013, pp.83-84）

當事人

治療師

當事人	治療師
當事人與治療師必須在心理上有接觸。	在關係中是真誠一致或統整的。
當事人處於「不一致」的狀態下。	必須無條件積極關注當事人。
當事人必須體驗到治療師的真誠一致、無條件積極關注與同理心。	必須對當事人同理。

 改變各階段
（Prochaska, Norcross, & DiClemente, 1994/2005, 引自 Hill, 2009/2013, p.40）

Step 1 醞釀前期 當事人尚未察覺改變之需要。

Step 2 醞釀期 當事人覺察到問題，也接受問題是其責任。

Step 3 準備期 當事人願意承諾做改變，並準備要改變。

Step 4 行動期 當事人主動改變其行為與環境。

Step 5 維持期 當事人已做了改變，試著持續維持改變。

8-9 **行為介入方式（續一）**

二、教導技巧與教育

有些當事人尚未具備的技能，諮商師也需要做教育或訓練，讓當事人配備足夠之後，才有能力做改變行動。教育可以是知識或資訊上的提供或補充，也可以像是一般技能訓練那樣一步步進行、練習與熟練，然後進入自動化。

若當事人缺乏一些適當技巧，諮商師就需要像教育者一樣教導（coaching）當事人一些特定能力。如果是實際可運用的一些技巧，治療師要先做示範，說明分解動作，與當事人一起演練，然後讓當事人慢慢練習（也帶回家做），糾正其不適當的動作或流程，接下來可能就會帶著當事人去做實地演練（也就是包含示範、預演與回饋三要素）。

像是讓不敢說「不」的當事人做「破唱片法」的練習，就需要諮商師為當事人示範如何進行，然後諮商師與當事人做角色扮演，重複做多次練習並討論，然後與當事人「預演」（rehearsal）即將發生的情況，等到當事人嫻熟了這項技巧，才讓他／她去實際運用。

千萬不可讓當事人在還沒有熟悉技巧、訓練不足的情況下，就去實際執行，這樣容易失敗，也會阻撓當事人繼續嘗試的勇氣。大家所熟悉的「肯定訓練」（assertative training）也需要治療師一步步教導與練習，直到當事人獲取了能力，可以有效使用。

三、示範與模仿

諮商師可以使用示範動作或是以楷模角色的方式，讓當事人學習到新的技巧，或是得到適當的鼓勵與支持。示範與模仿方式，較常使用在年紀幼小或需要教導當事人技巧時使用。

就某個層面而言，治療師本身的自我揭露經驗，也有示範的功能（「我能，你也能」），而治療師本身也是當事人的楷模，可以引領當事人學習的角色。當事人通常是藉由觀察治療師開始示範、教導，而治療師在過程中給予回饋、角色扮演或預演，甚至與當事人一起在實地場域練習或驗收成果，確定當事人真的學會了。

治療師可以讓當事人舉出想要模仿的偶像或人物（社會示範）或錄影帶，討論該人物值得效法之處，當事人可以因循模仿。當然諮商師也可以安排實際的人物或自己以身示範，讓當事人可以仿照行為去做，尤其在技巧訓練的時候可以採用，示範的目的是讓當事人在觀察中學習必要的一些技巧。

小博士 解說

一般的諮商師不會先提供解決問題的方法，而是先詢問當事人之前用過的方式或成功經驗，若發現當事人可能缺乏問題解決技巧，才會與其一同商議其他可能解決之道，或是教導一些需要的技能。

 **破唱片法示例** 　當事人不敢要求配偶協助家事，諮商師扮演其角色、當事人扮演丈夫。

> 我每天下班後回到家裡都累壞了，哪有時間做家事？

❶

> 家事是大家的事，**我很清楚你工作的壓力**，我下班回家後也很累，還不是要忙煮飯這些家事？你**幫點忙而已。**

> 幫點忙當然可以，可是我做了妳又不滿意。

❷

> 我沒有滿不滿意，只希望你**多少幫點忙**，減少一些負擔。

> 我在放假時間做就好了。

❸

> 放假時間當然可以比較輕鬆地做些家事，只是有些家事是天天都要做的，你就撥時間**幫點忙。**

> 只是一點點，不能太多喔！

❹

> 看見你的心意最棒了！

 行為學派可協助當事人的事項

改變不適應行為。	學習做更有效率的決定過程。	藉由加強可欲行為（desirable behaviors）來預防（未來）問題。	將改變的行為遷移到日常生活中。

＋ 知識補充站

　　執行計畫的過程中很容易有挫折感，因為進展可能不如預期或是效果不佳，也會碰到許多意料之外的問題阻攔，諮商師要陪著當事人一起檢討，看見當事人努力的成果與付出，鼓勵他／她繼續往前。而在進行每一次的行動前，諮商師也要與當事人做沙盤推演，或是復發（事情變糟）的可能性與補救之道。現實治療學派提到的「不放棄」就是這個道理。

8-10 行為介入方式（續二）

四、支持與增強

諮商師的陪伴就是很好的支持，而對於當事人的思考、感受與想法做認可動作，也是一種支持，讓當事人可以持續走下去，不輕易放棄。「增強」可以是鼓勵的一種，對年紀小的孩子以實物為獎勵，或是讚許、微笑的社會性增強方式。

諮商師所展現的點頭、微笑、擊掌等身體語言，都表示對當事人的鼓勵與讚許，也可以採用一些正向的語言，如「不管情況如何，你都能堅持下去，好勇敢！」或是「即便情況很糟，你都沒有放棄，是怎麼辦到的？」要注意，鼓勵需要有具體行為或事蹟做佐證，而不是空泛的華麗詞藻而已。

五、放鬆訓練

漸進式的示範與指導當事人做放鬆動作，每一步都要踏實進行，確定當事人已經學會這些技巧。放鬆訓練可以從最簡單的注意與調整呼吸開始，然後進入指導式的全身放鬆訓練，冥想或觀想（mindfulness）也都是放鬆技術，可以讓當事人同時面對或想像一幅圖像、播放音樂，協助其做這些放鬆動作，務期當事人將放鬆技巧熟練為止。

六、系統減敏法

倘若當事人有焦慮或害怕的情形或事物，可以與當事人一起將所害怕的程度從低到高做排列，接著訓練當事人自我放鬆的技巧，等到技巧熟稔之後，諮商師以漸進次序要求當事人想像焦慮或害怕情境，指導其在想像這些焦慮情境時可以做適度放鬆，減緩當事人的焦慮或害怕反應，最後諮商師還可陪伴當事人到令其焦慮或害怕的真實情境中做「現場曝露」（vivid exposure）的測試，確定當事人已經沒有這些焦慮或害怕。

七、自我管理

讓當事人進行行為的自我管理，如上網、抽菸等行為，讓當事人藉由自我監控、自我增強（訂立酬賞自己的方式）、自訂契約與承諾的方式，為自己的行為改變負起責任，諮商師與當事人一起訂計畫並監督執行情況。

自我管理在建立行為時需要較嚴密的監控，也需要預想有哪些可能發生的變數，會影響計畫之執行（像是執行減重計畫者，需要注意自己的攝食習慣、減少食量或避免高熱量食物外，還得注意可能有要參加喜宴、朋友聚餐等特殊狀況的預防），也要相對思考可以應對的策略（如告訴親友自己正在減重、參加喜宴之前先吃一點食物），防止復發（如復胖）等。

計畫執行有成效之後，還要繼續維持相當長的一段時間，甚至成為一種習慣，之後才算是成功。當然，執行的計畫可以有多人共同參與，或是有共同喜愛的活動（如逛街或爬山）做為增強物，其成功率更是指日可待。

放鬆練習的成效

舒緩氣喘徵狀

控制與舒緩氣憤情緒

減少腸胃不適

減少疱疹不適

協助癌症病患自我疾病管理與壓力情緒

降低緊張程度與血壓

減少失眠問題

減緩頭痛徵狀

減少恐慌症狀

減輕憂鬱情緒

減少排尿困難

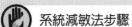 **系統減敏法步驟** 運用反制約原理，在當事人呈現**放鬆**狀態時，**想像**令其焦慮的情境。

1 列出所有令當事人焦慮的情境。

2 建立焦慮階層，從最不焦慮到最焦慮的。

3 選擇與訓練適當的放鬆及因應方式。

4 想像的評估。讓當事人熟習放鬆技巧後，逐漸以進階方式讓其想像焦慮情境並獲得掌控。

5 呈現知覺刺激，讓當事人學會自我管理。

6 家庭作業與追蹤

8-11 行為介入方式（續三）

八、家庭作業

家庭作業的功能是讓當事人即便在未與諮商師晤談期間，還是可以持續諮商之療效，並且有機會身體力行，將在晤談所學運用在實際生活中。許多諮商師都相信家庭作業的功效，因此會在諮商全程適當使用家庭作業，讓當事人可以破除自己認知的限制，開始看見不一樣的觀點與展開行動。

家庭作業可以是觀察的、體驗的或是行動的，可以是促進其認知、情緒感受或行動的方式，也可以讓當事人將在諮商中所學，於諮商室外做練習與應用（如放鬆、冥想、自我對話或貝克三欄），這樣不僅可以持續諮商效果，也可以讓當事人連結所學、自我賦能，甚至可以將練習結果或困難，拿到諮商時段做討論。

九、實驗

實驗是完形學派在諮商過程中常常使用的技術，其主要目的是協助當事人探索自己的動作及知覺，並了解其意義。一般諮商中使用的實驗，通常是要讓當事人先嘗試一些簡單容易的行動，破解「知易行難」的迷思。實驗可以有不同形式，如想像一個具威脅性的情境、安排與重要他人的對話、將記憶中一件痛苦事件誇張戲劇化、重現幼時經驗等等，也不拘於特定的方式或媒介，舉凡戲劇、舞蹈或其他肢體活動，或是對話等皆可。

十、視覺想像

以想像的方式看見目標完成時的情景，可以激起情緒並催化行動的產生。類似技巧像是焦點解決使用「奇蹟式問句」，也可以激發當事人對於問題解決後的未來目標更清楚，更有行動力。

十一、訂立契約

寫下來的要比說的更容易信守與執行，訂立契約的目的就在此。在諮商契約或行為契約中明訂目標、增強方式，以及進行的步驟，讓諮商師與當事人都可以具體檢驗計畫執行進度與成果。

在諮商前段所訂下的契約，以及之後諮商師與當事人協議的一些約定，不僅可以催化行動，也是讓當事人承擔責任的表現。

契約的訂立要先從當事人能力所及的部分開始，等到容易的部分完成了，再慢慢增加其目標之難度（像是先從「成績比上一次進步」，然後是「有一科及格」），也要找對當事人有誘因（會吸引當事人）的增強方式，甚至在每一回進行之後，與當事人討論可以改善之處。

十二、肯定訓練

對於自信心不足、無法對他人說「不」，或是較無能力為自己爭取權益的當事人，以教導、陪伴、示範、演練、實驗等方式，進行一連串的行為塑造與改變，讓當事人可以直接面對他人、堅持自己的立場，說出自己的需求而不畏懼。

肯定訓練涉及眼神的接觸、態度的堅定，以及表達的技巧，在當事人與諮商師練習完竣之後，也要先找一些人做練習或實驗，等到當事人準備好了，才可以讓他／她去面對所害怕的對象或場合。

協調家庭作業（Nelson-Jones, 2005, pp.232-235）

★ 要與所談議題有相關。

★ 與當事人一起合作商議。

★ 讓家庭作業是可以處理的。

★ 慢慢增加家庭作業的難度。

★ 確定當事人記錄家庭作業的摘要。

★ 在兩次晤談間就開始家庭作業。

★ 對於當事人未能完成家庭作業的困難，要有所準備。

★ 強調學習的經驗。

★ 在下次晤談時展現出對當事人家庭作業的興趣（不應該忘記追蹤）。

實驗的目的（Joyce & Sills, 2001, p.98）

探索新的自我與行為。

增強覺察。

表達出未表達的或在覺察邊緣的感受與想法。

預演或練習新的行為。

重新擁有否認自己的部分。

完成「未竟事務」。

激勵自我支持。

8-12 行為介入方式（續四）

十三、建議或直接指導

有些諮商師急於給當事人解決問題的建議，卻忘了詢問當事人曾經使用過哪些解決方式、成功程度如何，這樣很容易讓當事人以為自己是無能的，或者諮商師還不了解自己的問題就急著切入處理，反而讓當事人失去對諮商師的信心。

諮商師急著提供解決方式的背後也可以思考：（一）為什麼急著給意見或答案？是因為自身的焦慮（如擔心自己在當事人心目中的評價或有效性），還是希望早點看見成果？（二）是不是不相信當事人有處理事情的能力？

諮商師也不應該習慣性地給建議，可能會養成當事人依賴的情況，這也非諮商所欲達到的目標。諮商師若在關係建立或了解當事人的關切事宜之前，就急著給建議，不僅當事人不會接受，也會讓諮商師有挫折感。除非當事人向諮商師討教解決方案或建議，要不然要當事人遵循並執行的機率很低。

當然，諮商師選擇介入或處理的方式，與自己喜歡的核心理論有關係，諮商師多是以這個核心理論為基礎來定義問題、解讀問題與計畫處理方向。

必要時，諮商師的建議可以促成改變行動的發生，然而其首要原則還是在於「時機」問題。此外，當事人是不是真的需要或想要治療師的建議，也是需考量之處。

十四、演練

要讓當事人的行為產生改變，治療師需要知道改變方向是否為當事人所欲，會不會因為當事人的改變而產生阻撓（如重要他人抗拒其改變），或是當事人的資源是否足夠，還要思考如何維持改變，以預防退回到原先的地方。

改變對任何人來說都不是容易的事，畢竟改變需要走出舒適圈，面對許多不可知會有許多焦慮，因此諮商師不是一下子就將當事人推往改變之途，而是會經過一連串的小小行動，讓當事人嘗到改變的益處多於壞處時，當事人才會有動力持續做改變。以下的幾個方式都可以促進當事人的改變動作：

（一）**練習或預演**：事先將所有行為程序演練到當事人純熟為止，在這樣的情況下，當事人會有所準備，而不會在臨場時卻步。

（二）**角色扮演**：諮商師協助當事人扮演自己或即將遭遇的對方，將許多的可能性做沙盤推演，一一嘗試，像是要參加工作面試前，諮商師就可以先擔任當事人的角色，讓當事人看見與熟悉如何應對，再擔任主考官的角色來面試當事人，並協助當事人表現得更好。

（三）**嘗試一些行動小作業**：只要做一點不費力的小改變，讓當事人嘗試一下箇中滋味。許多人會將問題想得很嚴重，卻不願意踏出第一步去試試看，而藉由小作業的方式，讓當事人小試一番，會去除掉許多預想的恐懼，更願意有所行動。

有關改變產生的各學派說法

精神分析學派	藉由分析與詮釋當事人日常生活中的潛意識衝突，當事人的自我覺察提升，並對展現的行為與過程產生頓悟，改變就發生。
自我心理學派	了解自己行為背後的動機，改變錯誤信念（或私人邏輯），就有勇氣繼續成長與改變。
人本學派	從諮商師所提供的三個核心條件出發，當事人接納自我，並認可內在自我評價，相信自己的能力。
存在主義	當事人願意投身在治療關係中，並願意面對孤獨、獨立性及與他人連結，同時發展自我強度，以轉化生命境況。
完形學派	當事人放棄成為怎樣的人，呈現「如我所是」，改變就產生了。
認知行為學派	了解或駁斥自己的錯誤信念並做修正，生活哲學也因此而改變。
行為學派	運用增強與自我管理技巧，改變原先失功能的行為與習慣。
家族治療	改變家人互動方式，滿足個人獨立與聯繫的需求。
女性主義	透過角色與權力分析，經由再社會化與社會政策改變，讓個人獲得賦能與自信。
後現代治療	認可並尋回個體之能力，結合與運用其資源，開發不同身分與優勢。

第9章
結束與追蹤

學習目標：

　結束諮商服務與治療關係，是諮商過程很重要的一部分，因此要謹慎行事，要不然會給雙方留下未竟事務，損害了諮商效果。本章介紹諮商結束的時機與條件、結束動作與方式，或做適時轉介，以及對諮商效果的評估與追蹤。

9-1 **何時該結束諮商**

諮商時，要結束治療關係是很重要的一個**過程**。

許多當事人在進入諮商時，多多少少心裡都會盤算大概需要做多少次就可以結束（Hackney & Cormier, 2009, p.157）。有些機構或學校因為資源有限，希望可以服務更多當事人，因此對於諮商服務次數有所限制，如六到十次不等，若需要延長次數，則另有規定。私人機構可能不在此限，但是為了當事人的福祉著想，不讓當事人形成依賴，諮商師若評估當事人已經恢復良好功能，就應該結束諮商。

此外，諮商的結束也受到許多因素影響，最常發生的情況就是當事人自己要結束諮商，或不願意持續諮商。若當事人遷離此地或死亡，當然也就結束治療。其他還有治療師本身的因素，像是離開機構或本地、諮商師死亡，或是諮商師能力不足而轉介當事人至其他心理機構。

諮商沒有立竿見影的療效，但是介入處置總是比沒有處理要好。然而，若過早結束治療關係也不是好事，可能是因為諮商師與當事人不適配，或是諮商師笨拙地處理當事人的抗拒且無效，或有重要他人對當事人施加壓力，當事人懶惰、防衛、缺錢或擔心諮商師不讓當事人離開等等，都可能造成諮商關係提早結束。諮商師要尊重當事人提早結束治療的意願，若治療關係良好，則可以

與當事人冷靜討論結束治療的良窳，將最後決定權交給當事人（Nelson-Jones, 2008, pp.252-253）。

許多諮商學派對於結束動作都非常謹慎。諮商結束之後，機構或諮商師通常會有追蹤評估的動作，了解當事人對於服務的滿意度如何，以及對當事人的幫助程度。

結束動作不是在最後一次諮商晤談時完成，而是**每一次的諮商都要好好開始、好好結束**，也就是「善始善終」，才不容易留下「未竟事務」或遺憾，這對諮商師與當事人雙方都非常重要，一般人也是如此。

若是諮商次數共十次，除了每一次都提醒當事人「這是第幾次，還有幾次」之外，可以特別在最後倒數第二次開始，慢慢有結束動作，即便有時候當事人在某次諮商時，臨時說要結束治療，最好也挪一段時間（如十分鐘）來做結束，才不會草率。

另外，即使只有一次晤談機會，也都需要留下一小段時間，與當事人將此次晤談做摘要、總結，讓當事人該次的諮商經驗很完整。倘若當事人有過失落事件，卻無法好好跟對方做結束動作，而其所做的治療若也是如此，就可能重蹈覆轍，留下遺憾。也有當事人是突然結束治療，卻一直在重複這樣突然結束的模式，其實就是有「未竟事務」需要解決。

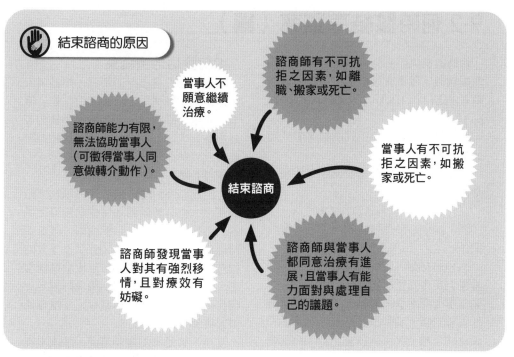

結束諮商的原因

當事人不願意繼續治療。

諮商師有不可抗拒之因素，如離職、搬家或死亡。

諮商師能力有限，無法協助當事人（可徵得當事人同意做轉介動作）。

結束諮商

當事人有不可抗拒之因素，如搬家或死亡。

諮商師發現當事人對其有強烈移情，且對療效有妨礙。

諮商師與當事人都同意治療有進展，且當事人有能力面對與處理自己的議題。

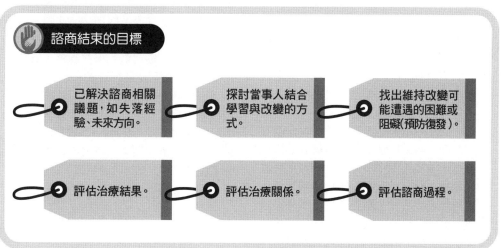

諮商結束的目標

已解決諮商相關議題，如失落經驗、未來方向。

探討當事人結合學習與改變的方式。

找出維持改變可能遭遇的困難或阻礙(預防復發)。

評估治療結果。

評估治療關係。

評估諮商過程。

9-2 何時該結束諮商（續）

何時該結束諮商服務或治療關係？諮商成功時，通常有幾個結果可供判斷何時結束諮商（Hackney & Cormier, 2009, pp.10-12）：

一、當事人開始從不同的脈絡看問題或議題。

二、當事人對於問題或議題有更多適當的了解。

三、當事人對於舊議題有新的反應。

四、當事人學習到該如何去發展有效關係。

Nelson-Jones（2008, p.252）表示，若當事人報告其感受與進步、諮商師觀察到當事人的進步、當事人生命中的重要他人有回饋，或有證據顯示已達到當初設定的目標，就可以結束治療。總而言之，去除一些不可變因素之外，一般結束治療關係通常是諮商目標已達成，或當事人的生活已經改變，過得更好或更能掌控了，就可以結束諮商關係。

結束諮商的方式可以採用：預定次數已達、當治療目標已達成、慢慢結束（從每週一次晤談，到隔週一次、一個月一次）、突發式結束（可能隔三個月不見面，然後找當事人來檢視其表現或進度），或是治療結束後安排追蹤的晤談（Nelson-Jones, 2008, p.254）。基本上，以慢慢結束方式，順便安排追蹤晤談或電話訪問，是較為緩和的。切記不要突然結束，或是結束時沒有好好說再見。

如何評估治療結束

結束治療有各種不同情況，如當事人決定結束、機構規定晤談次數已達、機構所使用的經費已用完（像是家暴加害者治療）、諮商師評估治療已達目標或需要轉介到其他單位（或不同治療模式，如團體治療）。

若已達諮商目標，自然就可以結束諮商關係，但有時候諮商目標是慢慢進展的，可能是從擬定小目標開始，因此如何評估諮商目標已達成，就是很重要的指標。結束諮商服務通常是治療師與當事人的約定，有時是因為機構的規定，因此主要是看諮商師與當事人要處理的議題與預計時間而定。

當事人若是參加團體諮商，基本上在參加前都很清楚團體一共會進行幾次，因此較有心理準備，個別諮商亦同，諮商師會在第一次晤談時，與當事人評估及協調晤談所需次數，也在當事人清楚了解的前提下開始進行治療。

但有些心理衛生機構或社區諮商中心可能承接政府或私立法人的計畫案（如受暴婦女或加害人處遇），計畫執行完畢或經費用完就會結束治療，但基本上事先都會讓當事人知道晤談次數。

小博士 解說

諮商所需次數的多寡，有許多決定因素，包括當事人的意願與財力、問題嚴重程度與資源、求助機構可提供之協助種類或深度、求助機構之規定、諮商師評估當事人的目標完成度等。

當事人對治療關係結束的抗拒表現

延長晤談時間

遲到

突然要求諮商師給予更多或繼續協助

不出現

對諮商師發脾氣或態度大不同

想要在治療時段外發展其他關係

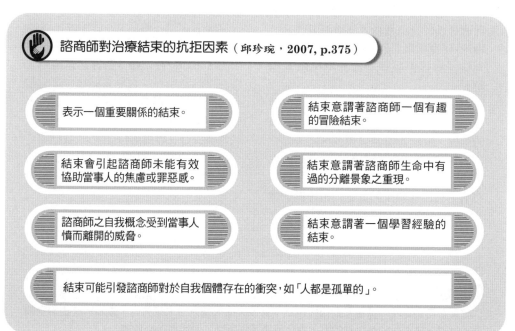

諮商師對治療結束的抗拒因素（邱珍琬，2007, p.375）

表示一個重要關係的結束。

結束意謂著諮商師一個有趣的冒險結束。

結束會引起諮商師未能有效協助當事人的焦慮或罪惡感。

結束意謂著諮商師生命中有過的分離景象之重現。

諮商師之自我概念受到當事人憤而離開的威脅。

結束意謂著一個學習經驗的結束。

結束可能引發諮商師對於自我個體存在的衝突，如「人都是孤單的」。

9-3 評估諮商效果

一般情況下，當事人不會回頭給諮商師回饋，讓諮商師了解其療效，然而諮商師本身或機構，為了講求諮商效果，還是會設計一些問題或簡單問卷，請當事人填寫或提供資訊，將評估結果做簡單統計，用來檢視諮商及服務效果，以做為日後改進服務品質的參考依據，也可以藉此了解顧客來源、關切議題性質或種類、滿意度等等。

評估方式有多種，有的以統計方式計算，看來訪人數或當事人之人次有多少，有些機構則是以財務收入來計算，然而諮商師通常不涉入機構的會計系統，因此可使用不同的諮商效果評估方式。

基本上，治療師需要在每一次晤談時做評估動作，一來是做為介入效果的影響與檢討，同時協助當事人檢視已經完成及未完成的目標。正式的諮商效果評估可以做為諮商功效的檢視與改進之用，也了解當事人的需求或目標達成度，同時了解提供服務的諮商機構績效如何。

評估在諮商初期很重要，主要是協助諮商師形成假設，但評估也是一個持續的過程，會隨著問題呈現或個案概念化而有所改變（Hackney & Cormier, 2009, p.119）。諮商過程中的評估，有助於當事人對於諮商效果的反應、治療師的處遇策略調整與決定，而在諮商結束當下或一段時間後（如一個月或三個月）所做的評估，主要是看諮商效果與追蹤當事人的情況。

治療結束之後，諮商師以電話追蹤或實際訪談方式進行治療結果評量，有些是詢問當事人目前的情況，有些是以制式的量表或問卷，讓接受過服務的當事人一一回答或填寫。有些會請顧客到機構或中心來受訪或填寫問卷，若是寄信給顧客，請其在網路或臉書上填寫資料等，都是可行的方式，只是要謹守保密的原則。

並非每個機構或治療師都會做追蹤或評估的動作，私立的心理診所比較常做這樣的顧客反映，主要是傳達關切，也期待當事人可以持續在需要時使用此服務。

評估方式不一而足，正式與非正式都可兼用，可以採用諮商過程所使用的評估方式，即便是隱喻式的評估也適用。像我之前面對一位在兒童期被性侵的當事人，她最初形容自己是「一個躲在黑暗角落獨自哭泣的小女生」，等到要結束治療關係時，她描述自己是：「我已經是一個有能力的成人，我走過去把小女孩抱在懷中，告訴她一切都過去了，她很安全。」

小博士解說

結束諮商關係時，需提及的議題包括：當事人進度情況、未來方向，以及對終止治療關係的反應，主要目的是協助當事人內化治療過程所學，並因應未來危機。

助人效果的檢視面向（Hill, 2009/2013, p.52）

重新提振精神或幸福感提升。

矯正經驗或症狀舒緩。

修復或降低干擾行為。

個人內在改變，如症狀減少、自尊與解決問題能力提升。

社會角色表現，如工作表現或參與度增加、減少偏差行為。

人際問題改變，如親密，或與他人的關係更滿意，溝通較暢通。

 評估當事人的治療效果（Hackney&Cormier, 2009, pp.10-12）

治療效果	舉例說明
當事人開始從不同的脈絡來看自己的問題。	當事人原以為自己是問題來源，卻發現自己只是家庭問題的代罪羔羊。
當事人對問題或議題更加了解，且是有用、建設性的了解。	當事人以為與女友分手是造成其憂鬱的原因，後來發現是重現了當初與母親分離的情結未解。
當事人對於舊事件有新的反應。	當事人只要碰到別人的批判，都認為是對方在挑剔；現在明白對方是為他好，因此感受與行為也不一樣。
當事人學習如何發展有效的關係。	當事人將在諮商所學運用在日常生活中。

9-4 諮商效果評估類別、過程中的評估方式

諮商效果評估類別

基本上，諮商效果的評估是不間斷的歷程，諮商師幾乎隨時都在做評估，其主要目的是要讓治療進行順利有效，因此評估的極大部分是在評量「諮商師所使用的介入方式，是否符合當事人需求及有效」，其次才是看「當事人主觀的感受與效果」。

諮商效果的評估有兩種，一是在過程中所做的評估，稱為「形成性評量」或「過程評量」，另一種是在諮商結束之後的評估，稱為「總結性評量」或「結果評量」。

一般說來，因為諮商沒有立竿見影的效果，因此若是追求立即性的結果，可能會讓人誤解。然而，至少當事人在與治療師晤談之後，情緒上會比較輕鬆或放鬆，甚至感受到諮商師的真切關心、被了解，而有真情流露，願意與諮商師繼續工作，讓自己所擔心的議題得到一些解決。

要特別注意的評估動作，是在處理危機情況（如自殺或憂鬱危險）時，必須在每次與當事人晤談時，都要觀察當事人的外表與精神，並一一檢視其最近的生活、情緒狀況與自殺意念的存在與否，以確實監控。

諮商過程中的評估方式

過程目標主要是由諮商師負責，目的是為當事人的改變建立必要的治療條件，像是建立良好關係，提供無威脅、安全的場所，傳達正確的同理與積極關注（Hackney & Cormier, 2009, p.127）。

諮商師在與當事人晤談的過程中，幾乎隨時可以做形成性評量，像是很簡單的：「今天心情如何？」或「你現在的心情與剛進門時比較，有什麼不同？」或「從一到十，一是非常放鬆，十是非常緊張，你目前的狀況在哪裡？」或「若可以完全改善你的狀況是十，你現在的情況是多少？」

諮商師也可以隨著治療進度，隨時檢視當事人進步的情況或進度，這是機動式的評估，像是：「上次你談到家人間的衝突，目前的情況如何？」

有些諮商師會在每次晤談結束之前或之後做簡單的詢問，也可了解當事人使用服務後的感受與滿意程度，以做為治療師晤談的改進或參考。當然，治療師可以將評估視為諮商過程的一部分，像是詢問當事人今天的心情或改善的情況，如：「如果從一到十，一是最低分、十是最高分，你／妳認為目前問題改善的程度是幾分？」或「如果你／妳現在的情況是四分，那麼要進步到四點五分，你／妳會看到哪些不一樣的情況？」諮商結果並不是掌握在治療師手中，主要還是在當事人身上，以及諮商師與當事人的「適配」程度（Hill, 2009/2013, p.38）。

當然也可以設計一些問題或簡單問卷，讓當事人回答或填答，這些資料都可以做為諮商師改進的參考。對於就學年齡的學生或較幼小的當事人，治療師可以藉由詢問當事人之重要他人（如家長、老師、朋友）有關當事人的近況或表現，也是評估的變通方式。

評估的功能（Seligman, 2004, cited in Hill, 2009/2013, pp.98-99）

★ 簡化資訊蒐集過程。
★ 讓諮商師可做正確診斷。
★ 發展有效的處遇方式或計畫。
★ 決定當事人是否適合特殊的處遇計畫。
★ 簡化目標設定、評估進度。
★ 提升對當事人性格之洞察、釐清其自我概念。
★ 評估環境因素。
★ 提升諮商及討論之聚焦與相關性。
★ 指出若干事件可能發生，如工作或學業成就。
★ 將當事人的興趣、能力與性格，轉化為與職業有關的名詞。
★ 創發選擇與選項。
★ 催化計畫與做決定過程。

 擬定「改變計畫」的注意事項
（Wubbolding, 1988, 2000, cited in Corey & Corey, 2011, pp.148-149）

計畫應以當事人動機與能力為考量，計畫是實際可行的。

計畫要包含積極行動，並確定當事人願意去做。

鼓勵當事人擬定自己可以獨力完成的計畫。

有效的計畫是可以重複的，最理想的狀態是每天都可進行。

有效計畫要以「過程」為中心，而非完全以「結果」為評估標準。

在進行計畫之前，先評估此計畫是否實際可行。

將當事人的承諾寫下來，對計畫的完成更有助益。

行動計畫需要注意成本與效益的考量。

計畫應簡單且容易了解。

計畫要明確且具體。

計畫應盡快完成。

9-5 **轉介**

　　轉介（referral）不是因為諮商師不喜歡此位當事人，或認為無法協助當事人。若諮商師在努力嘗試之後，仍感能力不足、與當事人的治療關係不穩定，或需要其他專業人員的合作或協助，就需要做轉介動作，然而，**轉介需要讓當事人了解，並得到當事人的同意。**

　　即便諮商師已經在安排轉介事宜，也不能讓當事人懸置在那裡，使當事人困惑或害怕，認為自己的問題太難解決，而是要持續與當事人一起工作，持續給予支持（Ivey & Ivey, 2008, p.257）。

　　助人不是獨立作業，為了當事人的福祉著想，有時諮商師需要與其他專業人員合作（如精神科醫師、教師、家長、社工、半專業人員），或是結合當地資源或人士（如里長）的挹注（所謂「生態系統觀」），更可促進當事人的改變過程。甚至在轉介當事人之後，還需要與當事人繼續工作。

　　像是諮商師發覺當事人可能有情緒上的憂鬱狀況，在說明給當事人了解之後，可以轉介給身心科或精神科醫師做診斷或給予藥物治療，而同時與當事人繼續做諮商服務。

　　諮商師在做轉介動作時，不要讓當事人覺得自己被拋棄，或認為自己的問題已經無可救藥，因此要非常謹慎，以當事人的福祉為最優先考量，取得當事人的理解是最重要關鍵的。

　　有時候，當事人覺得自己可以了，或問題已經獲得適當掌控，主動提出結束治療關係，諮商師也要予以尊重（這是當事人的自主權）。倘若諮商師對當事人目前的情況仍有疑慮（如有些議題尚未處理妥當），也可以溫和地提供轉介資訊（如某些機構或諮商師的專業），不可勉強。

　　諮商師要離開某機構，卻將當事人帶到即將前往的服務機構；或是諮商師發現自己能力不及，不熟悉當事人議題的適當處置方式，或者為了個人經濟因素，而不做轉介動作；或者是諮商師做轉介動作時，沒有將當事人的需求列為第一優先，而是為了私利，轉介給自己熟悉的親友，這都可能違反了當事人福祉，牴觸了專業倫理原則。

小博士解說

　　新手諮商師有時候會誤解轉介的功能，甚至有諮商師因為自己不熟悉某些議題，而迅速做了轉介動作。所有的新手諮商師都需要碰觸不同的議題與當事人，才可以汲取臨床經驗與智慧，因此自己做事先準備（如閱讀與諮詢），有督導協助，願意先看看當事人的實際情況才做決定，都是很重要的。

評估可以從三個不同方向來進行
（Magnuson & Norem, 2015/2015, pp.116-120）

評估焦點

以諮商師為焦點

內涵
自我評估、監控與反思。
是否在面對每一位當事人前做好應有的準備？
是否有能力處理當事人關切的議題？

以當事人為焦點

內涵
當事人希望有哪些改變？　　　　當事人有哪些資源？
當事人有哪些優勢？　　　　　　哪些環境因素造成問題困境？
當事人的功能如何？　　　　　　當事人做過哪些努力來解決問題？
當事人的發展任務完成狀況如何？　當事人改變的動機有多強？
當事人的行為受哪些價值觀影響？

以關係為焦點

內涵
與當事人一起參與評估諮商關係及歷程。

何種情況下需要轉介（不限於此）

★ 諮商師因為不可抗拒因素（如要離開本機構或本地），需要將手上的案子轉介出去。

★ 當事人因為不可抗拒因素需要結束治療關係，但諮商師評估其有繼續治療之必要時。

★ 諮商師評估當事人情況需要與其他專業（如精神科醫師或社工）合作時。

★ 諮商師本身對於當事人所提的議題處理無效時。

★ 諮商師與當事人的價值觀（或宗教信仰）衝突或差異過大時。

★ 諮商師發現自己能力有限，無法持續協助當事人時。

★ 諮商師與當事人對於諮商目標有重大歧異時。

★ 諮商師因為機構規定的晤談次數或承接計畫到期時。

★ 當事人因經濟考量或其他因素，需要更換諮商師時。

9-6 如何結束諮商與最後一次晤談

如何結束諮商

諮商師很重視每一次諮商晤談的開始與結束，而治療關係的結束也會隨著預計的次數或是問題得到解決而近尾聲。「結束」動作之所以重要，是因為「存在」的議題包含「關係的結束」，也呼應了完形學派所說的結束「未竟事務」，以免留下太多遺憾或後遺症。

對於在生活中常常無法與他人好好結束關係或說再見的當事人（像是有失落經驗者）而言，治療關係的結束也給予當事人一個新的學習與彌補機會，因此自然要「善始善終」。存在主義治療也特別重視關係的「結束」（closure），儘管結束治療關係是現實（Bryant Frank, 2016, p.158），而好的結束或「說再見」動作，會讓當事人有勇氣面對接下來的生命課題。

在諮商晚期或結束諮商時，最重要的工作就是讓當事人將在諮商中所學的，可以應用或遷移到日常生活中。除了在諮商進行過程中有許多的家庭作業讓其練習應用之外，最重要的是鞏固其學習，並防止「復發」情況發生。

諮商師在做最後一次諮商晤談時，可以採用不同的方式來檢視諮商過程與成果，包括讓當事人談談在諮商中所學習到的、自己感受到的改變、回顧諮商過程的重要議題或時刻等。

要允許諮商師與當事人都有足夠的時間來做結束動作。對於年紀較小的當事人，可以準備卡片或小禮物，卡片裡可以寫下諮商師看見當事人的進步與優勢，以及一些鼓勵的話，或是在最後一次諮商時，花時間讚許諮商師對當事人的正面觀察與進展報告，也要讓當事人與諮商師都有機會消化一些情緒性的感受。不少諮商師也會有一些結束的儀式，端視每一位治療師的發想與創意，像有些諮商師會特地送當事人走出諮商室。

最後一次晤談

諮商與生命過程一樣，有開始也有結束，每一次晤談等於預計晤談次數又少了一次，諮商師可以在每次諮商時提醒當事人：「這是第○次晤談，我們還有○次。」或者是在預定次數結束前三次，開始做預告：「這是第○次晤談，我們還有三次晤談時間。」雖然在最後一次晤談時，需要留較多的時間（或用最後一次晤談的所有時間）來做結束，但是基本上諮商師不會在最後一次才告訴當事人：「這是最後一次晤談。」因為可能引發當事人的焦慮，甚至退縮。

諮商的最後一次晤談之主要目標，在於鞏固當事人所學，並且實際運用在生活中，讓當事人有能力可以持續協助自己，因此必須花足夠的時間來做一些工作，包括處理先前的「未竟事務」。而在最後一次晤談過程，可以採用的介入方式有：請當事人摘要述說在諮商過程中所學的，或是將來可以運用在生活裡的技能，做適當轉介，也要花時間預防「復發」時的情況及處理策略，與當事人分享一些回饋，同時要注意「界限」問題，提醒當事人不要只看到結果，也要享受過程（Nelson-Jones, 2008, p.255）。

結束諮商的注意事項（邱珍琬，2007, pp.373-377）

結束就結束，不要另外發展成友情關係。

★ 該結束時就結束，以當事人福祉為考量。

★ 不要寄望當事人會再回籠，而是將結束當作治療關係終了。

★ 做結束前之評估動作，了解諮商之效果。

★ 注意諮商師與當事人對結束關係的抗拒。

★ 了解治療關係結束對當事人與諮商師的意義。

★ 必要時將當事人轉介給新的諮商師。

★ 處理非預期的提早結束治療。

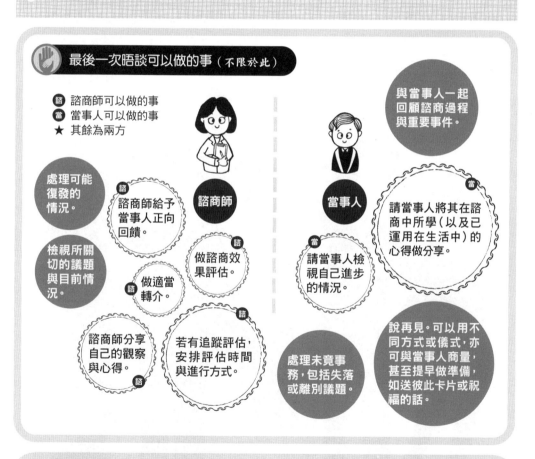

✋ 最後一次晤談可以做的事（不限於此）

諮 諮商師可以做的事
當 當事人可以做的事
★ 其餘為兩方

諮商師

- 處理可能復發的情況。
- 檢視所關切的議題與目前情況。
- 諮（諮商師給予當事人正向回饋。）
- 諮（做諮商效果評估。）
- 諮（做適當轉介。）
- 諮（諮商師分享自己的觀察與心得。）
- 諮（若有追蹤評估，安排評估時間與進行方式。）

當事人

- 與當事人一起回顧諮商過程與重要事件。
- 當（請當事人將其在諮商中所學（以及已運用在生活中）的心得做分享。）
- 當（請當事人檢視自己進步的情況。）
- 處理未竟事務，包括失落或離別議題。
- 說再見。可以用不同方式或儀式，亦可與當事人商量，甚至提早做準備，如送彼此卡片或祝福的話。

➕ 知識補充站

　　有些較年幼的當事人可能會有情緒的表現，諮商師也要知道如何處理；或是有當事人認為應該還會見到諮商師（如果諮商師在學校內工作），所以可能不會太在意諮商結束的意涵為何，但是治療師都要好好做結束。

　　有些當事人在諮商師提醒還有幾次晤談時間時，可能會出現退縮或拒絕結束的情緒，像是不出現、遲到等，治療師都可以多給予同理，感謝當事人願意信任，以及告訴當事人，諮商師目睹其進步與值得誇耀之處，或是諮商師從當事人身上學習到什麼。

第10章
總結

學習目標：

　在了解助人歷程的階段、內涵與適當的介入方式之後，諮商師在助人過程中需要注意到幾個重點，可以讓諮商過程更順利、效果更加乘。本章不再贅述助人歷程重點，而是就專業助人過程需注意事項做提醒。

10-1 諮商過程部分

一、治療關係先於一切

助人歷程從治療師接觸當事人的那一刻開始，有時候是在不同的場合遇見，有時則是從一通電話或初次晤談開始。在接觸當事人的那一刻起，就是治療關係開始建立的時候。

諮商特別講究治療關係，因為唯有良好信任的治療關係，才是一切後續治療的基礎；在當事人與諮商師有真誠的第一手接觸後，對於這樣的經驗也會感到安心，尤其對於一些在人際關係受挫的當事人來說，更是一帖安心劑，甚至會重拾對人的信任。

諮商過程中，當事人也許會因為過往經驗的因素，而持續測試與治療師的關係；諮商師的真誠一致與關切，可以克服當事人的疑慮，即便當事人面對的問題無法獲得圓滿的解決或解答，也因為曾經與另一個人有真誠的交會與信任，對其自信有提升之效，也願意重新與他人建立有意義的關係。

二、諮商是在人際交會與影響方面著力

諮商的效果如何，當事人不一定會回頭告訴諮商師，但是諮商師深信自己的工作是有意義的。

諮商沒有立竿見影的效果，卻極具影響力，其影響力就在於人與人之間的真誠交會。許多當事人在現實生活中，難得遇到願意相信自己、認可自己，以及真誠無偽的人際關係，治療師提供自己的「透明度」與一致性，讓當事人對自我與人際關係重燃希望，願意重新出發、實現自我。

三、諮商歷程不是直線或因果關係

諮商過程雖然分為探索、洞察與行動階段，然而其歷程並非直線的，而較像是循環、非直線的關係。當然，諮商歷程裡，當事人有時進展很快，有時卻會在原地盤旋，諮商師都要有耐心陪伴，以智慧協助，即便當事人在諮商發揮效果之前就退出了治療。

四、諮商師須配合當事人步調

助人專業是服務業的一種，因此當事人的福祉就是最優先的考量，諮商師所提供的協助也要吻合當事人的需求，所以治療師需要配合當事人的步調，不可躁等以求或失之貿然。

基本上，來尋求協助的當事人都遭遇了生命困境或困難，且對於解決問題的管道或方式已經用罄，或沒有思考到其他轉圜之道，就呈現「卡住」或「困獸猶鬥」的情況。儘管諮商師對於類似的故事耳熟能詳，也清楚梳理因應的方式，但是要記得配合當事人的進度與步調，與其同行，有時候稍微在前面提點一下，讓當事人有機會跟上，而不是一味由諮商師自己走在前端引領。

同理技巧層次（由低到高）
（Carkhukk & Pierce, 1975, cited in Comier & Comier, 1998, p.38）

包含前四層次的反應，加上至少一個行動，催促當事人掌控自己的缺失、達成目標。

第 5 階

了解也有一些方向，看見當事人的感受與隱含缺失。

第 4 階

了解但無方向，反映當事人明顯的感受及意義。

第 3 階

針對當事人所說的內容或認知部分做反應，但當事人感受被忽略。

第 2 階

提問、再保證、否認或給忠告。

第 1 階

 諮商師配合當事人的步調

★ 當事人才會覺得諮商師與其同在。

★ 諮商師雖然比當事人有更豐富的經驗值，然而主要角色是陪伴者。

★ 諮商師適當的引領，可以讓當事人持續往前進。

★ 諮商師適當的等候，可以讓當事人有休息、思考與做決定的機會。

★ 諮商師配合當事人步調，也是尊重當事人能力的表現。

★ 諮商師的同頻（tuning）與信賴，讓當事人願意為自己的問題負起責任。

★ 諮商師不會因為急著讓當事人前進，而破壞治療關係與進度。

10-2 諮商過程部分（續）

五、從情緒、認知或行動任一向度介入都會有效果

如同第 6 章 117 頁的「情緒、認知與行為的關係與介入」一圖所顯示，針對當事人不同的特色，可以採取適當的介入策略與方式，若從當事人的情緒入手，也會影響其認知與行為改變，從行為入手，也會牽動認知與情緒的改變，雖然探索較常從情緒方面開始，但是這三者是整體的一部分，也會互相影響。

六、看見當事人的優勢、賦能當事人

當事人或許會因為同樣的議題而重複登門求助，或是每一回會因為不同的關切議題前來，諮商師只要目睹當事人慢慢學會處理生活的事務或困境、能力漸漸增強，就是當事人進步的展現。

雖然並不是每位當事人都有顯而易見的成就或進展，甚至絕大多數當事人不會來告知諮商師他／她的進步或改變，但諮商師都可以在當事人身上看見其優勢與能量，肯定當事人的努力與進展，對許多當事人來說都是重要的支持。

基本上，諮商工作是讓當事人有希望感，特別是有些當事人在外面世界頻頻遭遇挫敗、對自己信心低落，更需要看到情況有轉圜的餘地。諮商師看見人性的共通處，也感受到人性的美麗，要具體傳達給當事人，使他／她看見自己的優勢與能力，也喚起當事人曾有過的成功與表現，讓當事人可以帶著更多的能力與勇氣繼續過生活。

七、為當事人尋求資源與連結

諮商師基本的信念是：人是向善、向上的，有能力做自我引導與實現，只是有時候受困於環境或自己的思慮，忘了曾有過的能力或成功經驗，因此諮商師的功能是喚起當事人的優勢及能力，連結其重要的資源（如人際網路、有用資訊，或是物質資源），讓當事人處於有能量與安全的脈絡下，可以展現其才能或發揮潛能。

此外，諮商不是獨力作業，也不是以當事人為唯一的協助對象，有時候必須要協助第三者（諮詢），或是為當事人連結其資源，方能竟其功。諮商師生態系統與脈絡的思考，可以讓其專業協助更有效率。像是若當事人是在學校求學的孩子，因為剛從他校轉來，苦於適應與薄弱的人際關係，諮商師要協助的長期目標是「讓他在校生活更快樂」，因此，除了檢視與協助當事人適應學校與人際問題之外，還需要結合其所信任的師長與較為友善的同儕之協助（包括協助其落後課業或與人互助），甚至是其他資源（如社福機構或家長會的幫助可緩解其家庭的經濟壓力）的投入，才能彰顯諮商持續的效果。

小博士解說

年紀幼小的當事人特別容易受到周遭環境影響，因此不能只針對當事人做協助，還要連結其資源與脈絡，甚至改變環境，納入重要他人（如家人、師長、朋友、同學或醫師、社工等），諮商效果才容易展現。

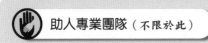 助人專業團隊（不限於此）

專業名稱	服務地點	服務對象	服務方式
輔導教師	國小、國中與高中（職）	學校學生與教師或家長	提供符合發展階段的各項服務
社工人員	社區	經濟或身心弱勢族群（如身心障礙或心理疾病、家暴家庭、犯罪受害者）	協助其滿足維生的基本需求，如經濟救助、喘息服務、醫療接送
諮商師	社區與大學（也可依服務對象區分為兒童青少年、家庭、成癮或伴侶諮商師）	一般民眾與大學院校相關人士	協助遭逢心理困境、創傷，或是一般自我了解與問題解決
諮商師教育者（培養諮商師的大學與研究所教師）	大學院校輔導與諮商相關系所	大學生、研究生，以及諮商師（繼續教育提供者）	擔任教學與訓練、督導、做研究
心理（或精神科、身心科）醫師	綜合醫院或身心科診所	社區民眾	擔任評估、診療、開藥，少數也做深度的心理治療；若在教學醫院也需從事研究工作
半專業助人者（包括兼輔教師與義工）	社區各單位	一般民眾	做危機處理或先行安置的作業，如安撫受災戶、提供實體物資協助

 發展諮商型態注意事項（Halbur & Halbur, 2006, p.21）

注意事項	說明
發現自我	自我覺察與探索，知道自己要的是什麼、生命哲學為何。
清楚自己的價值觀	知道什麼對自己是重要的，也努力捍衛。
探索自己喜愛的理論	這些理論觀點與自己的性格適配，也可以解釋自己的生命經驗。
運用自己的性格	性格與所選擇的諮商型態息息相關。
了解自己在臨床上的表現	將這些實務經驗錄音或錄影下來，可以協助自己找到理論的脈絡。
容許他人激勵你的學習	如他人的生命經驗、生活觀察、與人互動及繼續教育等，讓自己持續成長，並對許多人間事更寬容、悅納。
閱讀原始資料或作品	可以接觸到原創者的基本思維，減少他人解讀的可能謬誤。
化為實際行動	在生活中實際運用。
與一位良師學習	良師可以是活生生的典範，或是存在歷史中的。
拓展自己的經驗	探索新的領域與經驗，抱持著好奇、探索的新鮮感。

10-3 諮商師部分

一、親身接受幾次諮商

諮商師本身若相信助人是一項專業，那麼自己安排機會去做諮商（包含個別諮商與團體諮商），應該是很正當的動作。諮商師自己去做諮商，不僅可以做自我整理、協助自我覺察，了解求助過程，還可以進一步了解當事人的內在動力（像是情緒、想法、遭遇的困難等）。

許多諮商學習者通常是在授課教師的指定下而去體驗諮商，卻常常抱怨自己沒問題，或是要想問題去做諮商就很困難，甚至只是到諮商場合去觀察諮商師的技巧或態度，沒有帶著自我整理與求助的議題，其實就辜負了授課教師的美意。

二、諮商師的自我覺察有助於專業與自我成長

諮商師本身養成自我覺察的習慣，不僅可以敏於覺察、有改善行動，不會讓自己的議題橫阻在治療師與當事人之間，或是強加自己的價值觀在當事人身上；同時對於自身與當事人文化的深入了解與尊重，避免文化上的誤解或唐突，會讓自己在專業與個人成長上都獲得提升。諮商師願意去尋求個人治療或督導，也是覺察的便捷途徑。

三、諮商專業人員的熱情是支持其繼續下去的主要動力

助人專業固然需要經過系統化訓練，以取得基本諮商師資格，然而若是將諮商當作謀生之用，沒有投注興趣與熱情，很容易產生耗竭，甚至罹患身心疾病。因此，諮商師必須要持續進修，對許多新資訊抱持開放的態度，從助人工作中產生意義與使命感，就可以持續維持助人熱情，為當事人謀福祉。

四、理論是助人專業的根基

有少數助人專業學習者認為諮商師是以技巧取勝，這其實是極大的誤解！諮商師需要有理論做後盾與支持，才可以引導其定義當事人的議題與思考處置方式，倘若無理論的指引，諮商師往往會不知將當事人帶往何處去，甚至做了錯誤的處置，傷害了當事人。

對於理論的理解，會隨著自己的閱讀與經驗值而迅速增加，在融會貫通的過程中，會更堅信自己所做的助人工作之意義，同時更有自信可以有效協助當事人。

諮商師不是盡信書或理論，在研讀過程中有任何的疑問或思考，都可以與同儕討論或做研究探討，這也是讓理論有修正或調整機會，使其更能夠解釋人類行為。

小博士解說

諮商理論的學習是從不同取向開始，了解其共同的人性觀與對問題的看法，然後才接觸不同取向裡的學派，更清楚不同理論的立論與處置方式。諮商師慢慢融合自己的喜愛理論，配合自己的性格，找出可解釋自己經驗的核心理論，然後深入探討，不僅在臨床實務中運用，也在生活中履行。

諮商師使用自我覺察的目的（Hill, 2009/2013, p.171）

促進諮商師的自我了解與知識，不讓個人問題影響助人過程。

諮商師自身的反應可提供有價值的線索，藉此了解他人對當事人的反應如何。

諮商師使用自我覺察的目的

諮商師使用自己的內在經驗，來了解助人歷程中所發生的事。

經由覺察，諮商師可做出較好的決定與介入方式。

 諮商師做治療的原因（不限與此）

★ 做自我整理，以免個人未竟事務影響當事人的權益。

★ 助人專業者應相信諮商是有效的，因此不吝於求助。

★ 助人者也是一般人，有自己的困境與盲點，需要求助。

★ 體驗諮商過程是專業訓練的一部分，藉此可更了解當事人內在動力與治療師工作。

★ 諮商師以身作則，更可以肯定與增強當事人之求助動機。

★ 體驗諮商過程，會更清楚求助歷程的細節與感受，也更同理當事人。

★ 觀察專家風範，有第一手的學習經驗。

10-4 **諮商師部分（續）**

五、固定有同儕督導及必要時尋求督導

助人專業是勞心勞力的工作，況且所面對的都是負面事件，常常過度同理、可能有替代性創傷，更進一步會影響自己的生活與思考，因此除了持續充電、有同儕的支持之外，還需要有可以討論的對象。有同儕督導或自己去找個固定督導，是很重要的防堵耗竭之道，同時要知道尋求個別或其他模式的諮商或協助。

督導具有教育、支持與管理的角色，是諮商師專業學習與增進很重要的一環。督導可以協助諮商師更了解當事人，覺察諮商師對當事人的反應，了解諮商師與當事人之間的互動與影響，檢視諮商師的介入方式與結果，也檢討諮商師與類似當事人工作的不同方式（Hawkins & Shohet, 2000/2003, p.71）。

諮商師除了在受訓期間有學校及實習機構的駐地督導協助，在考上諮商師證照、自行執業之後，還是持續需要與督導做討論。定時或固定接受督導，不僅可以磨銳專業的敏感度、加速自我覺察，還可以知道協助當事人的其他可行方向與策略，也增進自己的專業能力，連結同儕與其他資源。

六、創發與修正技術是諮商師的本能

隨著經驗值與諮商師的自我成長，諮商師更能夠理解理論與實務的契合、理論的精髓與可適用之情境或當事人，熟練與善用適當技巧，還有能力創發新的技巧。諮商師在實際運用諮商技術時，會注意到諮商理論與技術的「在地化」與「適性」程度，有些技巧因為社會文化背景不同，不一定使得上手，因此就要做適度的變更與調整；接著諮商師就會開始創發一些新的技巧或量表，更有效地促進諮商的進行與效果。當然，這些創作發明必須以經過臨床與研究證實者為佳。

七、持續進修是諮商師與當事人之福

諮商師開始執業之後，雖然受到法令規定必須要在六年之內滿足繼續教育學分，然而諮商師自己持續閱讀相關學術或臨床實驗論文，複習諮商理論，參加相關研討會或發表論文，繼續做研究等，除了讓自己在專業上更精進之外，也是增進自我成長、增益當事人福祉的具體作法。

諮商師所面對的是一般生活中會遭遇的議題與困境，因此其閱讀或涉獵的範疇就不會僅限於專業部分，還有人類生活的各個面向，若服務的族群是兒童或青少年，也要了解其次文化或是目前較夯的（電腦）遊戲或活動、崇拜的偶像、壓力來源等，若是為肢體障礙或心理疾患者提供服務，也要了解其障礙程度、生活功能、自我效能，以及對重要他人的影響等。

八、自我照顧是防範耗竭的不二法門

諮商師的生活不是以助人專業為首要，而是如一般人一樣，要先把自己的身心靈照顧好，才會有源頭活水、有能量持續為當事人做服務。

督導功能

監督與評量	監控與評估諮商師的助人過程與成熟度。
教導與建議	教導諮商技巧，或建議可採用的策略與資源。
示範	示範諮商進行的方式或技巧。
諮詢與探問	了解諮商師的疑問或困境，使其有效發揮能力。
支持與分享	當諮商師處在生活或助人歷程的困境及低落情緒時，給予支持，並分享自己曾有的經驗。

 同儕督導的益處（不限於此）

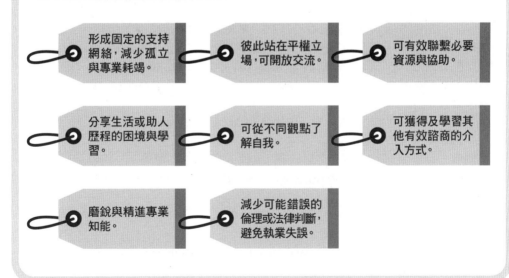

形成固定的支持網絡，減少孤立與專業耗竭。

彼此站在平權立場，可開放交流。

可有效聯繫必要資源與協助。

分享生活或助人歷程的困境與學習。

可從不同觀點了解自我。

可獲得及學習其他有效諮商的介入方式。

磨銳與精進專業知能。

減少可能錯誤的倫理或法律判斷，避免執業失誤。

➕ 知識補充站

　　有些諮商師一心一念都放在當事人身上，容易將當事人的事務帶到私生活中，甚至有過度同理的情況，或是持續接案，沒有讓自己有喘息或休息的空間，這樣不僅會影響其助人效能，還會波及其人際與家庭關係等生活各面向。因此，維持健康作息與習慣、良好人際與支持網絡、懂得拒絕與維持適當界限、擁有哲學或宗教信仰等，都是防範耗竭的重要方式。

參考書目

王文秀、田秀蘭、廖鳳池（2011）。《兒童輔導原理》（第三版）。臺北：心理。

王文秀、李沁芬、謝淑敏、彭一芳譯（2003）。《助人專業督導》（*Supersivion in the helping professions*, by P. Hawkins & R. Shohet, 2000）。臺北：學富。

林美珠、田秀蘭（譯）（2013）。《助人技巧：探索、洞察與行動的催化》（*Helping skills: Facilitating exploration, insight, and action*,by Hill, C.E., 2009）。臺北：學富。

牛格正、王智弘（2008）。《助人專業倫理》。臺北：心靈工坊。

易之新譯（2008）。《再生之旅——藉再決定治療改變一生》（*Changing lives through redecision therapy*,by R. L.Goulding &M. M. Goulding,1979）。臺北：心理。

林家興（2014）。《諮商專業倫理：臨床應用與案例分析》。臺北：心理。

邱珍琬（2013）。〈大學生對諮商的迷思——以心輔系學生為例〉。《高師大諮商心理與復健諮商學報》，25，167-195。

邱珍琬（2007）。《諮商技術與實務》。臺北：五南。

周世箴譯註（2006）。《我們賴以生存的譬喻》（*Metaphors we live by, by G. Lakoff & M. Johnson*, 1980）。臺北：聯經。

施彥卿、蕭芝殷譯（2014）。《校園自殺、自傷與暴力》（*Suicide, self-injury, and violence in the schools: Assessment, prevention, and intervention strategies*, by G. A. Juhnke, D. H. Granello, & P. F. Granello, 2010）。臺北：心理。

胡展誥（2016）。《遇見生命最真實的力量》。臺北：聯經。

陳增穎譯（2015）。《諮商技巧精要：實務與運用指南》（*Essential counseling skills: Practice & application guide*, by S. Magnuson & K. Norem, 2015）。臺北：心理。

黃素菲譯（2004）。《人際溝通》（*Looking out, looking in*, by R. B. Adler & N. Towne,10th ed.）。臺北：洪葉。

黃孟嬌譯（2011）。《敘事治療的工作地圖》（*Maps of narrative practice*, by M. White, 2007）。臺北：張老師文化。

張鳳燕、楊妙芬、邱珍琬、蔡素紋譯（2002）。《人格心理學——策略與議題》（*Personality: Strategies & issues*, by Liebert, R. M., & Liebert, L. L.,1998:）。臺北：五南。

蕭文（2006）。〈幽默與諮商〉。「幽默與諮商工作坊」。屏東：屏東教育大學教育心理與輔導學系。

Barnstein, J.(2009). Consciousness and interpretation in modern psychoanalysis.*Modern Psychoanalysis,* 34(1), 106-116.

Beck, A. A. & Weishaar, M. E. (1989). Cognitive therapy. In R. J. Corsini & D. Wedding(eds.) *Current psychotherapies* (4th ed), pp.285-320.

Berg, R. C., Landreth, G. L., & Fall, K. A. (2006). *Group counseling: Concepts & procedures* (4th ed.). Ny.Y.: Routledge.

Berman, P. S. (1997). *Case conceptualization and treatment planning: Exercise for integrating theory with clinical practice.* Thousand Oaks, CA: Sage.

Brems, C. (2001). *Basic skills in psychotherapy & counseling.* Belmont, CA: Brooks/Cole.

Bryant Frank, M. L.(2016). Existential theory. In D. Capuzzi & M.D. Stauffer, (eds). *Counseling & psychotherapy: Theories & interventions* (6th ed.)(pp.147-168). Alexandria, VA: American Counseling Association.

Capuzzi, D., & Gross, D. R. (1989).*Youth at risk: A resource for counselors, teachers, & parents.* Alexandria, VA: American Association for Counseling &Development.

Cashdan, S. (1988). *Object relations therapy: Using the relationship.* N. Y.: W. W. Norton & Company.

Comier, S., & Comier, B. (1998). *Interviewing strategies for helpers: Fundamental skills and coginitive behavioral interventions*(4th ed.). CA, Pacific Grove: Brooks/Cole.

Corey, G. (1996)*Case approach to counseling & psychotherapy* (4th ed.). Pacific Grove, CA: Brooks/Cole.

Corey, G. (2001). *The art of integrative counseling.* Belmont, CA: Brooks/Cole.

Corey, G. (2005). *Theory & practice of counseling & psychotherapy* (7th ed.). Belmont, CA: Brooks/Cole—Thomson Learning.

Corey, G. (2009). T*heory and practice of counseling and psychotherapy* (8th ed.). Belmont, CA: Brooks/Cole—Thomson Learning.

Corey, M. & Corey, G. (2011). *Becoming a helper* (6th ed.). Belmont, CA: Brooks/Cole.

Corey, G., Corey, M., & Callanan, P. (2007). *Issues & ethics in the helping professions* (7th ed.). CA: Thomson Brooks/Cole.

Culley, S. (1991). *Integrative counseling skills in action.* London: Sage.

Doyle, R. E. (1998). *Essential skills and strategies in the helping process* (2nd ed.). Pacific Grove, CA: Brooks/Cole.

Dryden, W. (1999). *Rational emotive behavioral counseling in action* (2nd ed.). London: Sage.

Dryden, W. (2007). *Rational emotive behavioral therapy.* In W. Dryden (Ed.)*, Dryden's handbook of individual therapy* (5th ed)(pp.352-378). London: Sage.

Egan, G. (2002). *The skilled helper: A problem-management approach to helping* (7th ed.). Pacific Grove, CA: Brooks/Cole.

Freedman, J., & Combs, G. (1996). *Narrative therapy: The social construction of preferred realities.* N. Y.: W.W.Norton & Company.

George, R. L., & Cristiani, T. L. (1995). *Counseling theory and practice* (4th ed.). MA, Needham Heights: Simon & Schuster Company.

Gilliland, B. E., James, R. K., & Bowman, J. T. (1989). *Theories and strategies in counseling and psychotherapy* (2nd ed.). Eaglewood Cliffs, NJ:Prentice Hall.

Glasser, W. (1975). *Reality therapy: A new approach to psychiatry*. N. Y.: Harper & Row.

Glasser, W. (1998). *Choice theory: A new psychology of personal freedom.* N.Y.: HarperCollins.

Glasser, W., & Wubbolding, R. (1995). Reality therapy. In R. Corsini & D. Wedding (Eds.), *Current psychotherapies* (5th ed)(pp.293-321).Itasca, IL: F. E.Peacock.

Goldenberg, A. (1988). *A fresh look at psychoanalysis: The view from self psychology.* Hillsade, NJ: Analytic Press.

Hackney, H. L., &Cormier, S. (2009).*The professional counselor: A process guide to helping* (6th ed.). Upper Saddle, NJ: Pearson.

Haig, R. A. (1988). *The anatomy of humor: Biopsychosocial and therapeutic perspectives.* Springfield, IL: Charles C Thomas.

Halbur, D. A., & Halbur, K. V. (2006). *Developing your theoretical orientation in counseling and psychotherapy.* Boston, MA: Pearson Education, Inc.

Haley, M., Golden, S. H., & Nate, R. D. (2016). Gestalt theory. In D. Capuzzi & M. D. Stauffer (Eds.), *Counseling & psychotherapy: Theories & interventions* (6th ed.) (pp.195-226). Alexandria, VA: American Counseling Association.

Hazler, R. J.(2008). *Helping in the hallways: Expanding your influence potential* (2nd ed.). Thousand Oaks, CA: Corwin.

Hazler, R. (2016). Person-centered theory. In D. Capuzzi & M.D. Stauffer, (eds).*Counseling & psychotherapy: Theories & interventions* (6th ed.)(pp.169-193). Alexandria, VA: American Counseling Association.

Herlihy, B., & Corey, G. (2006). *Boundary issues in counseling: Multiple roles and responsibilities* (2nd ed.). Alexandria, VA: American Counseling Association.

Herlihy, B., & Remley, T. P. (2001). Legal and ethical challenges in counseling. In D. C. Locke, J. E. Myers, & E. L. Herr (Eds.), *Handbook of counseling* (pp.69-89). Thousand Oaks, CA: Sage.

Hill, C. E.,& O'Brien, K. M.(1999). *Helping skills: Facilitating, exploration, insight, and action.* Washington DC: American Psychological Association.

Ivey, A. E., & Ivey, M. B. (2008).*Essentials of intentional interviewing:Counseling in a multicultural world.* Belmont, CA:Brooks/Cole.

Jacobs, M. (2004). *Psychodynamic counseling in action* (3rd ed.). London: Sage.

Joyce, P., & Sills, C. (2014). *Skills in Gestalt counseling and psychotherapy.* London: Sage.

Kagan, C., & Tindall, C. (2003). Feminist approaches to counseling psychology. In R. Woolfe, W. Dryden, & S. Strawbridge (Eds.), *Handbook of counseling psychology* (2nd ed.)(pp.199-20). London: Sage.

Kahn, M. (1997). *Between therapist and client: The new relationship* (Rev. ed.). N.Y.:W. E. Freeman.

Kottler, J. A., & Brew, L.(2003). *One life at a time: Helping skills and interventions.* N.Y.: Brunner-Routledge.

Kottler, J. A., & Hazler, R. J. (1997). *What you never learned in graduate school: A survival guide for therapists.* N.Y.: W. W. Norton & Company.

Lambert, M. J. (1992). Psychotherapy outcome research: Implications for integrative and eclectic therapists. In J. C. Norcross & M. R. Goldfried (Eds.), *Handbook of psychotherapy integration*(pp.94-129). N.Y.: Basic Books.

Lazarus, A. A. (1985). Preface. In A. A. Lazarus (Ed.), *Casebook of multimodal therapy*(pp. vii-viii). N. Y.: Guilford.

Lemma, A. (2007). Psychodynamic therapy: The Freudian approach. In W. Dryden (Ed.), *Dryden's handbook of individual therapy* (5th ed.)(pp.27-55). London: Sage.

Lester, D. (1994). Psychotherapy for suicidal clients. *Death Studies, 18*(4), 361-374.

Lewis, J. A., Lewis, M. D., Danieles, J. A., &D'Andrea, M. J. (2011).*Community counseling: A multicultural-social justice perspective* (4th ed.). Belmont, CA: Brooks/Cole.

Lipchik, E. (2002). *Beyond technique in solution-focused therapy: Working with emotions and the therapeutic relationship.* N. Y.: Sage.

Long, V. O. (1996). *Communication skills in helping relationships: A framework for facilitating personal growth.* Pacific Grove, CA: Brooks/Cole.

Masson, R. L., Jacobs, E. E., Harvill, R. L.,& Schimmel, C. J. (2012). *Group counseling: Intervention & techniques* (7th ed.). Belmont, CA: Brooks/Cole.

Mearns, D., & Thorne, B. (2007). *Person-centered counseling in action* (3th ed.). London: Sage.

Moorey, S. (2007). Cognitive therapy. In W. Dryden (Ed.), *Dryden's handbook of individual therapy* (5th ed)(pp.297-326). London: Sage.

Mosak, H. H. (1987). *Ha ha and aha: The role of humor in psychotherapy.* Chicago, IL: Accelerated Development.

Mosak, H. H. (1995). Adlerian psychotherapy. In R. Corsini & D. Wedding (Eds.), *Current psychotherapies* (5th ed)(pp.51-94).Itasca, IL: F. E.Peacock.

Murphy, J. (1997). *Solution-focused counseling in middle and high schools.*Alexandria, VA: American Counseling Association.

Nelson-Jones , R. (2005). *Introduction to counseling skills: texts & activities* (2nd ed.). London: Sage.

Nystul, M. S. (2006). *Introduction to counseling: An art and science perspective* (3rd ed). Boston, MA:Pearson.

O'Connell, B. (2007). Solution-focused therapy. In W. Dryden (Ed.), *Dryden's handbook of individual therapy* (5th ed)(pp.379-400). London: Sage.

Pedersen, P. (1988). *A handbook for developing multicultural awareness.* Alexandria, VA:

American Association for Counseling & Development.

Pos, A. E., Greenberg, L. S., & Elliott, R. (2008). Experiential therapy. In J. L. Lebow (Ed.). *Twenty-first century psychotherapies: Contemporary approaches to theory & practice*(pp.80-122). Hoboken. NJ: John Wiley & Sons.

Reiter, M. D. (2014). *Case conceptualization in family therapy.* Boston, IL: Pearson Education, Inc.

Richards, D. (2007). Behavioral therapy. In W. Dryden (Ed.), *Dryden'shandbook of individual therapy* (5th ed)(pp.327-351). London: Sage.

Seligman,L. (1986). *Diagnosis and treatment planning in counseling.* N.Y.: Human Sciences Press.

Sharry, J. (2004). *Counseling children, adolescents and families.* Thousand Oaks, CA: Sage.

Siegelman, E. Y. (1990). *Metaphor and meaning in psychotherapy.* N.Y.:Guilford.

Staton, A. R., Benson, A. J., Briggs, M. K., Cowan, E., Echterling, L. G., Evans, W. F., et al., (2007). *Becoming a community counselor: Personal &professional explorations.* Boston, IL: Lahaska Press.

St. Clair, M. (1996). *Object relations and self psychology: An introduction* (2nd ed.). Pacific Grove, CA: Brooks/Cole.

Tompkins, A. (2004). *Using homework in psychotherapy: Strategies, guidelines, and forms.* N. Y.: Guilford.

Weedon, C. (1997). *Feminism, theory, and the politics of difference.* Oxford, UK: Blackwell.

Welch, I. D., & Gonzalez, D. M. (1999). *The process of counseling &psychotherapy*: Matters of skill. CA, Pacific Grove: Brooks/Cole.

Welfel, E. R. (2010). *Ethics in counseling and psychotherapy: Standards, research, and emerging issues*(4th ed.).Belmont, CA: Brooks/Cole.

Wilkins, P. (1999). *Psychodrama.* London: Sage.

Williams, C. B. (2005)). Counseling African American women: Multiple identities—multiple constraints. *Journal of Counseling & Development, 83*(3), 278-283.

Witmer, J. M., & Sweeney, T. J. (1995). A holistic model for wellness and prevention over life span. In M. T. Burke & J. G. Miranti (Eds.). *Counseling the spiritual dimension* (pp.19-39). Alexandria, VA: American Counseling Association.

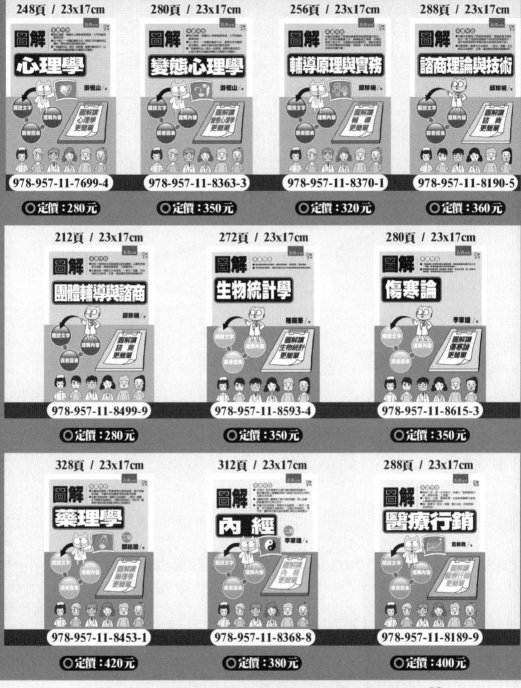

不可錯過的圖解系列！

★一單元一主題，精簡扼要，快速掌握核心關鍵知識與技能。
★每一個單元一頁文一頁圖，圖文並茂，容易理解，迅速吸收。

五南文化事業機構
WU-NAN CULTURE ENTERPRISE

醫護心理專業教科書

定價：750元
608頁 / 25.6x19cm

978-986-280-240-3

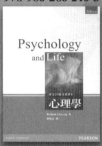

定價：280元
216頁 / 23x17cm

978-957-11-6938-5

定價：610元
280頁 / 25.6x19cm

978-957-11-5298-1

定價：680元
664頁 / 23x17cm

978-986-5840-15-0

定價：850元
624頁 / 25.6x19cm

978-957-11-8231-5

定價：500元
296頁 / 25.6x19cm

978-957-11-8352-7

定價：400元
232頁 / 25.6x19cm

978-957-11-7824-0

定價：680元
480頁 / 25.6x19cm

978-957-11-7782-3

定價：500元
420頁 / 23x17cm

978-957-11-8523-1

定價：580元
488頁 / 23x17cm

978-957-11-6498-4

定價：850元
680頁 / 25.6x19cm

978-957-11-6227-0

五南文化事業機構
WU-NAN CULTURE ENTERPRISE

國家圖書館出版品預行編目資料

圖解助人歷程與技巧／邱珍琬著. -- 二版.
-- 臺北市：五南圖書出版股份有限公司，
2024.09
　面；　公分
　ISBN 978-626-393-546-4（平裝）

1.CST: 心理輔導　2.CST: 諮商

178　　　　　　　　113010149

1BOB

圖解助人歷程與技巧

作　　　者 ―	邱珍琬（149.29）
企劃主編 ―	王俐文
責任編輯 ―	金明芬
封面設計 ―	封怡彤
出 版 者 ―	五南圖書出版股份有限公司
發 行 人 ―	楊榮川
總 經 理 ―	楊士清
總 編 輯 ―	楊秀麗

地　　　址：106臺北市大安區和平東路二段339號4樓
電　　　話：(02)2705-5066　　傳　　　真：(02)2706-6100
網　　　址：https://www.wunan.com.tw
電子郵件：wunan@wunan.com.tw
劃撥帳號：01068953
戶　　　名：五南圖書出版股份有限公司

法律顧問　林勝安律師

出版日期　2017年6月初版一刷（共三刷）
　　　　　2024年9月二版一刷

定　　　價　新臺幣380元

經典永恆·名著常在

五十週年的獻禮──經典名著文庫

五南，五十年了，半個世紀，人生旅程的一大半，走過來了。

思索著，邁向百年的未來歷程，能為知識界、文化學術界作些什麼？

在速食文化的生態下，有什麼值得讓人雋永品味的？

歷代經典·當今名著，經過時間的洗禮，千錘百鍊，流傳至今，光芒耀人；

不僅使我們能領悟前人的智慧，同時也增深加廣我們思考的深度與視野。

我們決心投入巨資，有計畫的系統梳選，成立「經典名著文庫」，

希望收入古今中外思想性的、充滿睿智與獨見的經典、名著。

這是一項理想性的、永續性的巨大出版工程。

不在意讀者的眾寡，只考慮它的學術價值，力求完整展現先哲思想的軌跡；

為知識界開啟一片智慧之窗，營造一座百花綻放的世界文明公園，

任君遨遊、取菁吸蜜、嘉惠學子！